青少年
教育宝典

# 别在该奋斗的年纪，放纵自己的坏情绪

BE THE MASTER OF YOUR EMOTIONS

迟晚晚 著



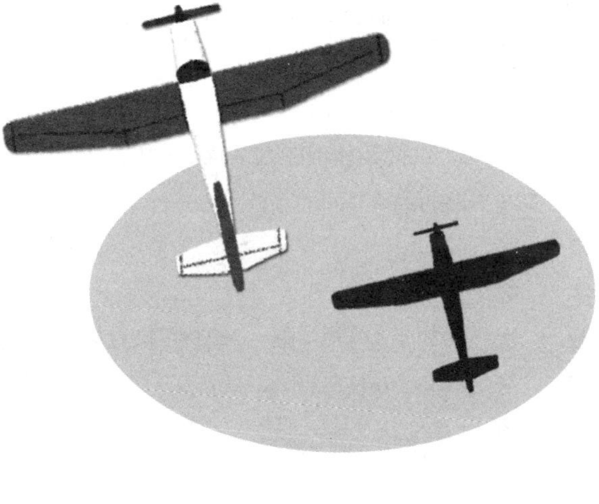

中国和平出版社
China Peace Publishing House
北京

**图书在版编目（CIP）数据**

别在该奋斗的年纪，放纵自己的坏情绪 / 迟晚晚著.
-- 北京：中国和平出版社，2021.1（2023.10 重印）
（青少年教育宝典）
ISBN 978-7-5137-1825-7

Ⅰ. ①别… Ⅱ. ①迟… Ⅲ. ①成功心理–青少年读物
Ⅳ. ①B848.4-49

中国版本图书馆 CIP 数据核字 (2020) 第 131252 号

青少年教育宝典 **别在该奋斗的年纪，放纵自己的坏情绪** 迟晚晚 / 著

**编辑统筹** 张春杰
**责任编辑** 肖惠蕾
**责任印务** 魏国荣
**出版发行** 中国和平出版社（北京市海淀区花园路甲 13 号院 7 号楼 10 层 100088）
www.hpbook.com hpbook@hpbook.com
**出 版 人** 林 云
**经　　销** 全国各地书店
**印　　刷** 湖北鄂南新华印刷包装股份有限公司
**开　　本** 880mm×1230mm 1/32
**印　　张** 4.75
**字　　数** 146 千字
**版　　次** 2021 年 1 月第 1 版 2023 年 10 月第 2 次印刷
**书　　号** ISBN 978-7-5137-1825-7
**定　　价** 118.80 元（全 6 册）

# 前言
# Foreword

人生如同一场旅行，在前往目的地的途中，总有太多的不期而遇。其中有始料未及的惊喜，也可能会无缘无故陷入困境，当你身处绝境之时，首先要学会的是控制自己的情绪和心态。

小小少年，不要放纵自己的坏脾气，要知道，你的臭脾气就像是助燃剂，在很多时候只会让眼前的“火势”越烧越旺。同时，你的口无遮拦会伤害你最亲最爱的人，唯有保持冷静，才能在最短的时间里解决问题。

当然，也不要过分压抑自己的小情绪，即便你是一个内向的人，也有思考和表达思想的权利。选择你想要的，拒绝你所排斥的，守住底线，遵循原则。自尊自爱，你的生活才能自由自在，你才会变得更加可爱。

最重要的是，千万不要让自己的坏情绪偷走你宝贵的时间。

人们总把“一寸光阴一寸金，寸金难买寸光阴”挂在嘴边，殊不知时间就在当下，就在眼前，如何把握不仅仅是喊喊口号而已，你要做的，是在有限的时间里，做有意义的事情。

别总是跟自己较劲，与其因为冲动做出让自己后悔的行为，还不如按兵不动。当你陷入焦虑时，不妨静下心来问问自己，你是否真的具备了处理事情的能力，很多时候，盲目的自信是麻烦的开端。

如果你总是抱怨，那么你一定过得不快乐。

你要记住，遇到烦恼时，抱怨只会徒增怨恨，而非解决问题。所以，当你闷闷不乐时，就不要浪费宝贵的时间和精力去想，对于失去的东西，也不必硬着头皮去强求，大多时候，抱怨的越多，你失去的也就越多。

做一个积极向上，充满正能量的人吧！

学会换个角度思考问题。花落意味着下一次花开，下雨天意味着彩虹就要到来。当你对生命充满热忱，整个世界都会变得明朗，烦恼也会自动清零。何必拿自己和他人做比较呢？过自己简单而快乐的生活，这就是最大的幸福。

珍惜该珍惜的，放弃该放弃的，知足才能常乐。要明白，每个人都有属于自己的人生轨迹，只有为了未来努力拼搏，给自己默默打气，命运馈赠的礼物才会在旅途中不请自来，你的命运也会掌控在自己的手中。

亲爱的少年，从今天开始，你要成为一个懂事的大人了！用大人的方式去思考，用大人的方式进行情绪管理。相信明天会因为你的改变而变得不一样。

# 目录
# Contents

## 第三章 树立信心，不做彻头彻尾的悲观主义者



## 第四章 别抱怨，你的不满只会让事情变得更糟

## 第五章
## 做好情绪管理，态度是 No.1



## 第六章
## 知足常乐，世界就会变得不一样

# 内容简介

陈小皮性情暴躁，遇事容易情绪化，是一个让人头疼的少年。暑假中，他报名参加了为期十二天的“小太阳夏令营”。在夏令营里，他偶遇了小学同学夏秋，并在她的建议和影响下进行了一系列的情绪管理，渐渐克服了性格上的缺点。最后，他结识了性格迥异的新朋友徐若灵、洪书烨和初晴，还和“死对头”田甜握手言和，成了一个敢作敢当、乐观向上的少年。

# 第一章
# 不要让坏的情绪，偷走你宝贵的时间

## 你口中的“情绪”，究竟是什么东西?

陈小皮，人如其名，是一个“皮小子”。

用陈爸爸的话来说，陈小皮虽然长得高，但实际上就是一个不靠谱的小屁孩。这不，为了不让陈小皮在暑假的时候给家里添乱，陈爸爸第一时间给陈小皮报名参加了为期十二天的“小太阳夏令营”，想要讨个清净。而陈小皮呢？一听到“玩”，眼珠子都亮了，恨不得收拾行李明天就出发。

今天是“小太阳夏令营”成员们集合的日子，一大清早，陈小皮就对着镜子摆弄起自己留长了的小寸头，还趁着陈爸爸不注意，偷用了他的发胶。还别说，经他这么一捯饬，他原本平淡无奇的五官亮眼了许多，就连那双绿豆大的小眼睛也变得炯炯有神了。

可就因他花费太多时间打扮自己，他迟到了……

八点十分。

“真是的，人还没到齐呢……”

只见陈小皮边嘟着嘴嘀咕，边低着头准备将最后一块冰激凌一股脑地塞到嘴巴里，却不料就在这个时候，走在他前面的女生猛地止住了脚步，向来慢半拍的陈小皮来不及站稳，手也一滑，只听啪嗒一声，剩下的冰激凌以迅雷不及掩耳之势甩出去了半米远，不偏不斜正好砸在了另一个女生的小白鞋上。

“啊！我的鞋！”

“天啊！我的冰激凌……”

眼前的女生身材纤长，长着一张讨喜的娃娃脸，尤其是那双水漾的杏眼，仿佛时刻都闪烁着光芒。只见她不开心地上前一步，对着陈小皮没好气地道：“我的鞋子和你有仇吗？这是我昨天才买的新鞋子。”

“都怪你！要不是你突然停下来，我的冰激凌也不会被撞飞。我还没找你，你倒来指责我！”陈小皮十分恼火，冰激凌被撞飞的坏情绪影响了他，他不无讽刺地说：“要不……要不我让我的冰激凌向你道歉？”

“哼，讨厌鬼。”

女生懒得和陈小皮计较，自顾自地掏出纸巾去擦了鞋子上的污渍，可尽管她擦了一遍又一遍，也没能完全让崭新的鞋子恢复如初。而陈小皮呢？趁着女生低头擦鞋的间隙，冷冷地哼了一声，大摇大摆地走掉了。他以为这件小小的插曲到此就终止了，可是，他意想不到的事还多着呢。

八点三十分。

“小太阳夏令营”的十二个成员终于在大巴车前完成了第一次合影。陈小皮是最后一个上车的，见前排没有了位置，他径直走到了最后一排正中间的座位前，坐在了一个女生的身边。就在这个时候，一个声音在耳边响起：“是你？！”

乍听之下声音有点儿熟悉，陈小皮下意识地看向女生脚上的小白鞋。果不其然，她的小白鞋上有一大片污渍，这正是陈小皮之前不小心给弄上的。他小声嘀咕了一句“真是冤家路窄”，愣是不敢抬头看女生的眼睛，可就在这时候，意外再一次发生了……

“你是陈小皮？我是你的小学同学——夏秋啊！”夏秋眨巴

着眼睛，全然没有了刚刚的怒气，模样非常可爱。

“夏、夏秋？”陈小皮半信半疑地抬起头，当他看到了夏秋鼻子上的那颗黑痣时，这才后知后觉：“你真的是夏秋？那个可以从早说到晚，并且一句话都不重复的话唠？”

“你才是话痨呢！”夏秋嘿嘿一笑，竟往陈小皮的旁边凑了凑，“真是没想到，我会在夏令营里遇见你，刚刚我还没认出来呢！不过仔细想一想，这个世界上除了你，似乎也没有第二个脾气这么差的男生了。你一点儿都没变，还是不懂得如何管理自己的情绪。”

听到这儿，陈小皮不满地皱起眉头说：“你们为什么总和我提‘情绪’这个词，就连临走时我妈也和我提到了这个词，它究竟是个什么东西？真是扫兴……”

陈小皮这么一问，还真让夏秋不知如何回答。她想想说：“怎么说呢？情绪这个东西你看不见摸不着，但它就像是你的影子——每天二十四个小时跟在你的身边，你的情绪会影响你的思想和行为，比如喜、怒、哀、乐，这都是你的情绪。”

“我从没有听说，人的喜、怒、哀、乐还需要控制的，真是可笑。”陈小皮无畏地耸耸肩，“像是我，高兴的时候就大笑，生气的时候就骂人，从不遮掩自己的心情，这样才自由自在。如果连自己的心情都要控制，那岂不是没有一点儿自由？”

“可如果你的坏情绪给他人造成了困扰，或是给自己带来了不必要的麻烦呢？”夏秋想了想，诚恳地道，“就比如说刚刚发生的事情，如果我不是你的小学同学，我们又偏偏坐在了一起，我一定不会这么快就雨过天晴，说不定……说不定我还会找机会‘报复’你呢！”

“那有什么大不了，我又不在意女生怎么想。”说完这句话，陈小皮还做了一个鬼脸，仿佛在庆幸自己的口才了得。

“可你的妈妈也是女生，你的老师、同学中也有女生，你真的完全不在意她们的想法吗？”夏秋说话不紧不慢，但却很有道理，说得陈小皮哑口无言，“陈小皮，我告诉你，我脾气好，并不代表每一个人都脾气好哦！”

是这样吗？

陈小皮陷入了沉思，毕竟从小到大，他一直都是想到什么就做什么，想说什么就说什么，还没有任何一个人可以改变他的言行举止。可夏秋刚刚说的那番话，却让他没有了反驳的勇气，毕竟，他的确不懂得情绪管理，是一个不懂得为他人考虑的人。

陈小皮不知道，人生道阻且长，总有一天，他会明白一切事，会感谢一些人，而在这趟旅途中偶遇的夏秋，就是他将要感谢的人之一。

## 有一种病，叫“情绪化”

夏秋有一个好朋友，名字叫徐若灵。她长着一双会说话的大眼睛，长长的睫毛配上巴掌大的瓜子脸，再加上自来卷又泛黄的长发，乍看之下像是橱窗里的芭比娃娃。不过最讨喜的，还是她那古灵精怪的性格。

这一次，受夏秋之邀，她也参加了“小太阳夏令营”，只不过乐观积极的她从来都没有想过，在旅程的第一天，她就和一个素不相识的“臭男生”发生了不愉快，还好夏秋及时劝慰，她才“放了他一马”。

事情的经过是这样的——

十点整，出游的大巴车停在了郊区的一处观光山山脚下。当时烈日当头，阳光透过枝叶的罅隙在地上投射出了一个个金光闪闪的光斑。好在越是接近入口处，越能感受到扑面而来的大自然赐予的清新空气。清风习习，热浪也被逼退了几分。

得知第一个活动项目就是登山后，反应最大的就是陈小皮了。只见他排在队伍的最后端，抬起头眯着眼睛看向高耸入云的山峰，又低下头扣上了鸭舌帽，连连叹息：“唉……搞什么，这哪里是‘夏令营’，这简直就是‘魔鬼训练营’……”

夏秋好心好意地拍了拍陈小皮的肩，提示道：“有志者，事竟成。我听说只要登上山腰，就可以乘坐观光索道直达山顶野餐哦！想想看，当一切美景尽收眼底，全世界仿佛都被你踩在脚下，那会是一件多么惬意的事情啊！”

“惬意？呵，你说得倒是轻松。”陈小皮冷哼一声，狠狠地把脚下的石头踢到一边，以宣泄自己的不满。

而夏秋依旧是笑呵呵地好言相劝：“不试试看怎么知道呢？说不定，你会是最快一个爬上半山腰的，说不定……”

“说不定，我会因为体力不支而晕倒、休克！”陈小皮好赖不分，干脆把苗头指向夏秋，“夏秋，以前在小学的时候，你就喜欢向老师打小报告，没想到现在你还是喜欢多管闲事！好吧，即便是多管闲事，你也应该先考虑我的人身安全吧？难道我的人身安全，比看风景更重要？”

这些话刚好被和夏秋结伴而行的徐若灵听了个一清二楚。要知道，她的脾气可不像夏秋那般温和，向来敢爱敢恨、直肠子的她禁不住啧了一声，转头看向陈小皮：“喂！你说谁多管闲事？”

“我是说你们……”陈小皮刻意把“你们”这两个字拉长

了尾音，一听就知道，他是故意找碴。

“我看你才是歪头看戏怪台斜——无理取闹！”不顾夏秋的阻拦，徐若灵叉起腰正面回呛，“男子汉大丈夫，怎么到了你这儿就变成了‘臭豆腐’。”

臭、臭豆腐？

陈小皮一愣，一时之间竟不知道如何回击，毕竟他一个大男孩，还是第一次被人形容为“臭豆腐”，更何况是被一个比他矮一个头的女生形容为“臭豆腐”，简直是把他的颜面硬生生地放在草地上“摩擦”。

“你！”

陈小皮愤怒地上前一步。好在这个时候，意识到大事不妙的夏秋急忙把徐若灵拉到了一边，对着她耳语道：“亲爱的，别和他一般见识，他这个人性格就这样，我和他认识六年了，也没见他改过。”

“可这并不是你忍气吞声的理由啊！”徐若灵跺跺脚，真心替夏秋觉得不值，“你明明是在帮他，可是他呢？反而把你的好心当作驴肝肺，不识抬举！刚刚在车上，我就觉得他这个人对你不友善……”

“或许吧……”夏秋顿了顿，缓缓开口，“陈小皮这个人的确不懂得控制自己的情绪，总是想一出是一出，不懂得替别人着想，这我是知道的。”

“情绪化？”徐若灵一下子抓到了重点，“情绪化是一种病，得治啊！”

“所以啊，他是个‘病人’，我们就更不能和他斤斤计较了，尤其是我，作为‘小太阳夏令营’的队长，我不应该排挤他，而是要想办法帮助他、引导他，这样才有利于大集体的和谐，对吗？”说罢，夏秋眨眨眼睛，莞尔一笑，“我有信心，虽然只有短短的十二天，但我相信我一定可以让他意识到问题的所在，发生改变。”

“怕就怕你是盲目自信！”徐若灵撇撇嘴，禁不住泼冷水，“俗话说得好——冰冻三尺，非一日之寒。江山易改，本性难移，何况只有短短的十二天，十二天啊！”

“盲目自信也是自信，而自信是成功的第一秘诀，不试试看怎么知道呢？”夏秋又说出了她的口头禅，“凡事都要试一试，反正对我自己又没有什么损失，就当作是一次极限挑战了。”

“你真是……”徐若灵欲言又止，深叹一口气，“算了，我真不知道你是怎么想的。好吧，既然你想要试一试，那我就勉为其难地陪你试一试，谁让我们是有福同享、有难同当的好朋友呢！”

阳光下，两个天真烂漫的女生再一次发出了银铃般的笑声，笑容在阳光下像鲜花一样绽放，令人着迷。

## 丢什么都没有丢了时间可怕

众所周知，陈小皮的性格大大咧咧，甚至有些桀骜不驯，所以对于那些性格内向，喜欢一个人待在角落里默不作声的人，他总是感到不解，他总在想——那样的人生该有多无趣。

偏偏洪书烨就是一个“无趣”的人，平日里，他总是沉浸在一个人的世界里，乐此不疲地做着很多不被人理解的事情。比如这学期的运动会，所有的人都在为运动健儿加油喝彩，只有他一个人躲在医务室里，偷偷地拿出单词表背单词。

今天也是如此。

十一点整，大家陆陆续续地终于爬上了半山腰，就在等待乘坐观光索道的间隙，洪书烨又一个人躲在了树后，找了一块相对干净的大石头坐了上去，从背包里拿出了一本《时间简史》，津津有味地看了起来。

得知这个看起来有些孤僻的男生也是夏秋的朋友，陈小皮第一次主动凑到了夏秋旁边。只见他清了清喉咙，故作没事人一样地抖抖脚，说："喂！你的朋友可真是奇怪，刚刚那个女生活脱脱像是一只'母老虎'，而这个男生，看起来像是一个'书呆子'。"

"他叫洪书烨，是我的邻居。"夏秋全然不顾陈小皮的冷嘲热讽，说，"他以前学习成绩特别糟糕，最讨厌的事情就是看书，他也从来都不知道学习的重要性，直到有一天，他因为搬家丢了一样东西……"说到这儿，夏秋忽然停住，卖了个关子，"算了，和你说这么多，你又不感兴趣，不说了。"

谁知陈小皮还真是一个喜欢八卦的人，夏秋的三言两语，就让他对洪书烨产生了浓厚的兴趣："快说，快说，你快说他丢了什么？"

见况，夏秋得意地挑挑眉，接着道："其实也不是什么贵重的东西，他丢了他好朋友送给他的时间沙漏，那是他十岁生日那天收到的生日礼物，只不过在他生日没过多久，他的好朋友就转到了重点学校，所以这份礼物对他非常重要。"

"就、就因为丢了一个时间沙漏，他、他就变成这样了？"陈小皮难以置信地看着夏秋，好似她在开玩笑一样。

"没错，就是因为丢了一个时间沙漏，他才在妈妈的开导下渐渐懂得了时间的重要性。"说着，夏秋顿了顿，"我记得后来他有一篇作文刊登在了《少儿杂志》上，上面有一段文字是这样写的：一个小小的沙漏，让我明白了时间赋予的意义。我妈妈说得没错，沙漏中的沙会随着时间一点儿一点儿地流逝，即使我把它弄丢了，时间也不会停下，原来我一直在做的事情，是浪费时间。我应该向我的好朋友看齐，他可以那么优秀，我为什么不可以呢？我想，这就是他送给我这份礼物的真正意义吧！好在，我似乎明白了某些道理——我应该成长了。”

谁知陈小皮听后撇了撇嘴，一脸的不屑：“该不会是他想多了吧？或许，他的好朋友只是随便送给他一份生日礼物而已，根本就没有那么深刻的含义。”

对此，夏秋持有不同的看法。“无论如何，洪书烨现在是学校里的学生会干部，他就像是变了一个人一样，这是人人可见的事实。”说罢，夏秋歪着头看着陈小皮，“难道你敢说，这不是时间沙漏的魔力吗？”

“这……”

陈小皮哑口无言，此时他说是也不是，说不是也不是。与此同时，队伍终于向前挪动了一大截，眼瞅着就要轮到他们登上观光索道了，陈小皮一个箭步站回了队伍的最末。好巧不巧的是，洪书烨抱着那本《时间简史》，和陈小皮坐上了同一辆缆车。

狭小空间里，满满当当地坐了四个人——两个女生夏秋和徐若灵自然而然地坐在了一排，剩下两个男生陈小皮和洪书烨也不得不坐在了一起，一时之间，气氛无比的尴尬。

陈小皮见洪书烨还在看书，便忍不住率先开口：“喂！难道你在睡觉的时候也要看书吗？”

面对陈小皮的调侃，洪书烨显得格外一本正经：“人在睡觉的时候，大脑属于休息状态，很难在第一时间准确地接收外界给予的信息。更何况，人在睡觉的时候是闭着眼睛的，根本就看不到任何影像，何谈看书？”

洪书烨的一番话说得有条有理，可以说是严丝合缝、无懈可击，但尽管如此，陈小皮还是一脸无所谓地耸耸肩：“我和你不一样，不管我的大脑是不是在休息，都没有办法看书，看一本书，对我来说比任何事情都难。”

“那是你还不知道时间的意义。”洪书烨对答如流，“以前我和你一样，最讨厌看书了，但是现在，我恨不得一天二十四个小时都在看书，并且我在书中找到了我的梦想，我想成为一名作家，所以我要在有限的时间里，学习更多的知识，看更多的书。”

“作家？”陈小皮扑哧一下笑出声，“就你？你还只是一个初中生！”

“怎么，瞧不起我？”洪书烨放下《时间简史》，“我的作文刚刚在省里获了奖，已经被收录到了书里，明年就出版上市了，这是对我最大的肯定。”

“可那毕竟不是你一个人写的书，”陈小皮不依不饶，还不忘加上一句，“是无数个人一起写的书。”

“那又怎样，至少书中有我的名字，没有你的名字。”洪书烨看起来文质彬彬，说起话来温声细语，但一字一句一点儿都不留余地，“这是我梦想的开始，是我努力后的成果，我有追求梦想的权利。”

“随你。”

陈小皮把头转到一边，不想再继续这个话题。作为旁观者的夏秋终于按捺不住，浅笑一声道：“好了好了，就算时间再重要，也不要把时间浪费在斗嘴上，你们看，窗外的景色多漂亮啊……”

当下，缆车已经行驶了三分之二的路程，即将到达终点。窗外，薄雾笼罩在起伏的峰峦之上，宛如仙境一般美不胜收。不远处，瀑布激流的声音似乎在演唱着一首激昂的生命之歌。此情此景，让人想起张九龄作的那首诗——万丈红泉落，迢迢半紫氛。奔流下杂树，洒落出重云。日照虹霓似，天清风雨闻。灵山多秀色，空水共氤氲。

## 你是真的脾气不太好？还是……

这是陈小皮第一次在海拔两千米的地方野餐，他从小雨老师那里领取了一份便当后，独自霸占了一个阴凉的位置大快朵颐起来。与此同时，夏秋和徐若灵正因为找不到合适的位置而发愁，她们见陈小皮的身边有空位，便走了过去。

“一起吃吧。”夏秋试探性地站在了陈小皮的身边，“我这里还有一份寿司哦！”

寿司？

陈小皮顿了顿，不为所动：“我不喜欢吃寿司。”

徐若灵灵机一动，开口说：“我这里还有开心果和杧果干，既然有人不想吃，我们还是不要自作多情了。”

“开心果？”陈小皮眼睛一亮，要知道，他最喜欢吃的坚果非开心果莫属了！“反正我也是一个人，你们就坐在这里野餐吧。”他即刻改了口，就连态度都有了一百八十度的大转弯，“两位少女，请坐！”

徐若灵也不客气，一听这话，急忙拉着夏秋坐了下来，只不过就在这时，意想不到的事情发生了——就在距离他们不到五米远的位置，一个七八岁的男孩因为不小心打翻了便当号啕大哭，不但如此，他还把责任推到了他的姐姐身上。

“都怪你！”男孩指着她的姐姐，怒吼着，“要不是你非要留下来吃便当，我的衣服怎么会脏！”

“拜托！你有没有搞错？”女孩不知应该哭还是应该笑，“明明是你自己不小心打翻了便当，这才弄脏了衣服，和我有什么关系？要怪，就怪你自己粗心大意，笨手笨脚，真是莫名其妙！”

“你、你才莫名其妙呢！”男孩个子不高，脾气倒是不小，“哼！你等着，等我下了山，我就告诉妈妈，说你欺负我！”

“我还说你欺负我呢！”女孩对答如流，“你都上二年级了，什么时候能够改改你顽劣的性格？明明是自己犯了错，非要把心里的怨气发泄在别人身上，我又不是你的‘出气筒’，你凭什么总是朝我发脾气？”

“我的脾气就这样！”男孩瞪着眼，小脸憋得通红，“我以前是这样，现在是这样，以后要还是这样！”说罢，还哼了一声。

“所以，这就是你自以为是的个性？”女孩并没有生气，而是把手放在下巴上，耐着性子开导，“弟弟，先不说谁犯了错，这里是公共场合，你在这里大呼小叫，已经严重影响到了别人，是不是有点儿太自私了？”

“你还说我自私？”男孩气不打一处来，完全听不进去姐姐对他的忠告，“你不就比我大几岁而已，有什么资格教育我……”

“就凭我是你姐姐，我懂的比你多，你刚刚又迁怒于我，打扰我野餐的好心情。”女孩一口气说了这么多，连眼睛都没有眨一下，“我告诉你，你的任性并不代表你很有个性，相反，在我眼里无聊至极！”

看到这儿，陈小皮禁不住扭过头看向夏秋：“我怎么觉得，那个女生咄咄逼人的样子很像你，都那么爱讲大道理。”

夏秋想了想道：“我倒是觉得她说得没有错，脾气不好并不代表有个性，更不是迁怒别人的借口和理由，尊重是相互的，总不能为了解一时之气，胡乱践踏别人的尊严吧？依我看，这才是做姐姐的样子。”

“你也这么认为？”陈小皮把视线移向低头吃便当的徐若灵身上，“你不觉得那个女生话说得太严重，一点儿都不给她的弟弟留面子吗？”

“我和夏秋的想法是一致的，是她的弟弟太‘作’！”徐若灵毫不客气，“我亲眼看见他自己把便当撒在了身上，可是他竟然把责任推给了她的姐姐，这本来就是不对的。而且，他还以脾气不好为借口，对姐姐大呼小叫，一点儿都没有做弟弟的样子，如果我是她的姐姐，我早就把他扔到大海里，喂鲨鱼了。”

听到这儿，夏秋笑出了声：“你啊，有的时候也是喜欢冲动行事，说话不经头脑，如果你真有一个弟弟，你才不会舍得把他丢到大海里喂鲨鱼呢！”

“就是！冲动行事，说话不经头脑……”陈小皮重复了一遍关键词，难得和夏秋站在了一条战线上，“依我看，你的脾气也应该收敛收敛，作为一个女孩子，还是淑女一些比较受人欢迎。”

“你……”徐若灵话还没说出口，就看到夏秋给她使了一个眼色，猛然间，她想起了夏秋对她说过的那些话，“对，我的脾气也不是很好，但好在我不会迁怒别人，倒是某些人……咳咳，己所不欲，勿施于人啊！”

好一个己所不欲，勿施于人！简简单单的一句话，又把球踢给了陈小皮，好在陈小皮哼着小曲心情还不错，这一次没有针锋相对，只是眉毛轻挑，嗯哼了一声就没有了下文，接着吃他的便当了。

而另一边发脾气的小弟弟，也在姐姐的安抚下平复了心情。最后，在姐姐的帮助下，他用湿巾慢慢擦掉了衣服上的污渍，虽然白色的T恤远看之下还是斑斑点点，但这已经似乎不再影响他野餐的心情了。

果然，人只有可以控制自己的情绪，内心才能平静，才能享受到生活中无处不在的快乐。

## 在那些被浪费掉的时间里，你都做了些什么？

野餐结束后，小雨老师组织大家玩了一个关于时间的小游戏。

忘了介绍，小雨老师全名吕小雨，今年二十七岁，是这一次“小太阳夏令营”的唯一一位全程陪同老师。她的个子不高，一头短发，像是一个“假小子”，但她却是一个“练家子”，据说曾拿过市里举办的散打比赛季军。

小雨老师先是让同学们围成一个圈坐好，紧接着走到正中央，宣布了游戏规则。游戏很简单，她将闭着眼用不同的语速数三十个数，当她停下时，皮球传送到了哪一个“幸运儿”的手里，那个“幸运儿”就必须在十秒钟之内说出“在一分钟之内，人们可以做些什么”，且不可重复。

人在一分钟之内可以做些什么？

端正坐在原地的陈小皮心里犯着嘀咕，一分钟能做什么？发呆，睡觉，打哈欠？那么短的时间里，难道还能做出什么惊天动地的大事？他想不明白，也想不通为什么小雨老师会想出这么无聊的游戏。此时，哨声响起，游戏正式开始。

首先由夏秋发球，她先是左右看了看，紧接着把球传给了右边的洪书烨，不喜欢玩游戏的洪书烨就像是接到了一个烫手的山芋，急忙把球扔给了坐在他身边的女同学手里。当小雨老师数到了“29”的时候，球已经传到了陈小皮的手里，好在陈小皮反应及时，他迅速地把球扔给了徐若灵，这才“逃过一劫”。

“不会吧……”徐若灵哭笑不得地看向陈小皮，“你为什么把球扔给我，明明我们中间还隔着一个人呢……”

“我愿意！”

得逞的陈小皮摇头晃脑地扮了个鬼脸，心情无比惬意，等着看徐若灵出洋相。好在徐若灵机灵，脑子一转就想出了答案，只听她说：“对我来说，一分钟的时间里可以做很多事情，我可以在一分钟的时间里跳一支舞，我也可以弹奏一段钢琴曲，甚至可以唱一首歌。”

“很好，你可以在一分钟的时间里做这么多的事情，真是了不起。”小雨老师满意地点点头，并宣布继续游戏。

这一次，但凡有人把球传给了徐若灵，徐若灵就直接把球丢给陈小皮，似乎有意要让陈小皮出洋相。可陈小皮不是吃亏的主，他见招拆招，在再一次接过球时，他直接把球控制在了怀里，直到小雨老师说出最后一个数字时，他才把球往身边的男同学手里一抛。

无奈之下，那个高高瘦瘦的“替罪羔羊”站起来，想了想道："我可以在一分钟的时间里看三个广告……"

话音刚落，同学们就笑声四起，陈小皮最为夸张，他整个身子蜷缩成了一团，笑得打起滚："哈哈哈哈……一分钟能够看三个广告……哥们儿，你真是太搞笑了……哈哈哈哈……"

面对大家的调侃，男生挠挠头，竟有些不好意思："这有什么的，广告挺好看的，妈妈说了，广告虽然短，但浓缩的都是精华……"

"浓缩的都是精华……哈哈哈……"陈小皮拍着地，笑得直不起身子，"我还第一次听说有人喜欢看广告，太搞笑了。"

见况，男生反问道："那、那你说，你在一分钟的时间里，能够做些什么？"

"我？"陈小皮一愣，犯了难，猛地，他急忙把男生手中的球抢了过来，"又不是我回答问题的时间，我为什么要回答你？"说着，他看向小雨老师，"老师，可以开始游戏了吗？这个游戏真好玩！"

"当然。"

小雨老师浅浅一笑，随之背对着陈小皮向大家使了一个眼色，大家心领神会，暗自憋着笑等着好戏再一次上演，而被蒙在鼓里的陈小皮却一个劲儿地沾沾自喜，心里还在琢磨着下一个目标是谁呢！

只可惜天有不测风云，这一次，所有人目标统一，但凡谁接到了球，都往陈小皮的方向抛。意识到大事不妙的陈小皮恨不得长出三头六臂，可尽管如此，面对敌强我弱的形式，他还是缴械投降，认输。

"你们、你们真是太可恶了……"只见陈小皮红着脸，气喘吁吁地站起，"有什么大不了，我可以一口气说二十个！"

“好啊，那你就说二十个！”徐若灵歪着头等着陈小皮的下文，谁知陈小皮支支吾吾了半天，还是一个都没有说出来。她哈哈一笑，“我就知道，在你的世界里，一分钟根本就做不出任何事情。”

“胡说！”陈小皮撇撇嘴，咬紧牙关硬着头皮道，“一分钟的时间里，我可以……我可以跑四百米，我可以穿好鞋子，我可以……我可以吃五个饺子！”

“哈哈哈哈哈……”

大家听后又是不约而同地一阵大笑，这让陈小皮有些摸不着头脑，难道他说错了吗？这可是他冥思苦想才想出来的答案啊！总好过睡觉、发呆和打哈欠吧……

一直没有出声的小雨老师终于开口说话了：“大家回答得都不错。这虽然是一个简简单单的小游戏，但是游戏里却传达出来一个大道理，那就是看起来短短的一分钟，只要好好珍惜，就可以做很多的事情，就比如说刚才，我们可以用一分钟的时间玩一场游戏，可以听到更多有关于‘一分钟’的故事。”

小雨老师的话合情合理，让在场的所有同学停止了嬉笑，陷入了沉思。随之，小雨老师再次提问：“还有哪些同学愿意说一说‘一分钟’的故事？”

见没有人举手发言，向来“敢第一个吃螃蟹”的夏秋清清喉咙说：“我可以在一分钟的时间里打一百二十字，可以浏览整本书的目录。对我来说，一分钟的确可以做很多的事，但大多都是无关痛痒的事，可是对于另一些人来说，一分钟可以决定胜负，正如同‘台上一分钟，台下十年功’，一分钟，可以在舞台上绽放光彩；一分钟，可以让局势反败为胜；一分钟，或许就能成就一个奇迹。”

没错，谁能否认，短短一分钟的时间，不能成就一个奇迹呢？

霎时，周围响起了阵阵掌声，懵懂的陈小皮也情不自禁地鼓起了掌，此时，他在想，原来一分钟真的可以做很多事情，看来，他的一分钟，大多都被浪费掉了……

## 你控制不了情绪，当然控制不了时间

下山的路比上山的路平坦很多，顺着石梯往下走，周围的美景尽收眼底，伴着微风徐徐，陈小皮只觉得心情无比舒畅。相比之下，走在队伍最末端的洪书烨却显得淡然许多，他不顾旁人异样的目光，依旧捧着他那本《时间简史》看个不停。

或许是出于无聊，陈小皮快走了两步，对着距离他不远的徐若灵道：“喂！等等我！”而徐若灵似乎有意和陈小皮作对，她非但没有停下脚步，反而加快了步伐，走得更快了。陈小皮干脆上前拍了拍她的肩，轻哼了一声：“小气鬼！”

“你才是小气鬼，而且是一个爱发脾气的小气鬼！”徐若灵气喘吁吁地转过身，此时此刻，她原本白皙的脸颊涨成了“红苹果”，豆大的汗珠子正顺着她的鬓角落到下巴上。她看起来有些体力不支。

陈小皮顿了顿，说：“你、你没事吧？你的脸……像是猴屁股一样红。”

“谢谢关心哦！”徐若灵拉长了尾音，懒得计较陈小皮不讨喜的措辞，“我只是累了，休息一下就好了。”说罢，她又转过身，三步并成两步地向下走，全然不把陈小皮的关心放在心上。

陈小皮无奈地吹了一声口哨，嘀咕了一句：“真是莫名其妙……”

刚好这一切被夏秋看在了眼里，见陈小皮垂着脑袋闷闷不乐，她转过头对着他解释道：“你也别见怪，徐若灵之所以着急下山，是因为她有必须要完成的任务，不是在刻意避开你，她真不是那种小气的人。”

“必须要完成的任务？”陈小皮来了兴致，“什么任务？”

“她有写日记的习惯。”夏秋一字一顿，“她呢，从小就有这个习惯，只要是看到的、听到的，她觉得有趣的事情，她都会第一时间记在日记本上，她还说要将这个习惯坚持到八十岁，到时候申请吉尼斯世界纪录呢！”

“真的假的？”陈小皮诧异地眨眨眼，“我还以为是刚刚在玩游戏的时候，我刻意针对她，她生我气了呢。”

“我才没有那么小气呢！”猛地，徐若灵插言，“刚刚发生的事情，我早就忘了！”

“你、你偷听我们说话！”陈小皮面子挂不住，恼羞成怒地说，“没礼貌的丫头。”

“我没有偷听，我是光明正大地听。”徐若灵嘿嘿一笑，露出一对小梨涡，“你真的是一个很有趣的男生，如果你求我，或许我会考虑把你的故事写到我的日记本里，当然，要看你是不是真情实意了。”

“求？”陈小皮似乎听到了一个天大的笑话，“呵！我的人生字典里没有‘求’这个字。”

“所以喽，你是注定不会被我写到日记本里去的。”徐若灵挑挑眉，一脸的得意，“算了算了，我还有更重要的事情要做，我就不和你斗嘴了，免得时间都浪费在无意义的事情上，怪可惜的。”

“和你这个‘小气鬼’说话，才是浪费时间呢！”陈小皮别过头，故作生气地跺了跺脚，“哼，依我看，你的‘情绪化’比我还要严重，一会儿哭一会儿笑，就像是这八月的天气，一会儿晴空万里，一会儿阴雨绵绵，真是一个善变的女生。”

“我虽然情绪化，但是我可以控制得了自己的情绪，控制得了自己的时间，你能吗？”徐若灵歪着头，字字清晰。

“我……我为什么要回答你这么无聊的问题。”陈小皮撇撇嘴，没了下文。

听到这儿，徐若灵若无其事地两手一摊：“也是，毕竟我们是两个世界的人，我们的个人价值观不一样。我有确定的价值观，所以我知道什么时候应该做什么事，而你没有，所以，你很难知道什么事情对你来说更重要。”

“什么乱七八糟的？”陈小皮用求助的眼光看向夏秋，“她刚刚说的是‘地球话’吗？我一句都听不懂。”

“呃……算是吧。”夏秋腼腆地一笑，想了一下之后才说，“她的意思是说，做人要有自己的价值观，只有有了价值观，才能分清楚什么人、什么事对自己更重要，并及时调整自己的情绪，分配自己的时间。”

“所以，她的意思是说，在她的价值观里，我一点儿都不重要？”陈小皮抓住了关键词，不服气地问了一句。

“呃……”自知尴尬的夏秋咧开嘴，急忙转移了话题，“那你觉得，在你的生命中，什么才是最重要、最有价值的呢？”

“吃喝玩乐。”陈小皮对答如流，“我实在是想不到，还有什么比吃喝玩乐更加适合我，更让我感觉到快乐的了。”

“可是，如果你现在不努力，以后怎么可能有时间和机会吃喝玩乐呢？”夏秋想不明白。

“这……”陈小皮陷入了沉思。说实话，他从来都没有考虑过这个问题，向来得过且过的他甚至没有憧憬过未来，更别提考虑未来的自己会变成什么样子了。

见陈小皮难得没有反驳她的言论，夏秋乘胜追击，对着他苦口婆心地说，“或许未来对于我们来说还太遥远，但是我们一定要明白时间不等人的道理，只有控制得了情绪的人，才能控制得了时间，最终，才能过上自己想要的生活。”

大巴车上，当所有人都躺在座椅上小憩时，只有徐若灵一个人打开了日记本，兴致勃勃地写下了刚刚在观光隧道上看到的风景。陈小皮看在眼里，脑海中回想的是刚刚夏秋和他的对话，不知道为什么，他忽然觉得她的话有几分道理，但究竟为什么会有这种感觉，他就不得而知了。

## 永远不要忽略情绪的力量

很快，大巴车行驶到了高速公路上，准备前往第一个住宿点。此时已是下午两点，一身疲惫的同学们个个不顾形象，倒头大睡，就连原本精神抖擞的陈小皮也吧唧着嘴，不知道梦到了什么，可就在这时，一个急刹车彻底吓走了他的瞌睡虫。

“啊……”

伴着一声声尖叫，同学们个个手扶把手，一脸的惊慌失措。小雨老师即刻起身，对着同学们道：“大家不要惊慌，前方发生了交通事故，请大家不要擅自离开座位，坐在座位上等待。”

“不会吧……”

夏秋做了一个深呼吸，极力让自己保持冷静，就在这时，陈小皮先一步拉开了窗帘，只见距离他们不远的右前方，一辆小货车和一辆面包车撞在了一起，其中小货车上拉着的苹果散落一地，看起来一片狼藉。

“看来，我们要堵在这里，等待救援了。”陈小皮喃喃自语，随后往后一躺，准备再睡一个“回笼觉”，殊不知一分钟不到，激烈的争吵声传入耳朵……

一个身材魁梧的男人踉踉跄跄地从小货车上走下来，对着面包车司机破口大骂：“你到底会不会开车，高速路上车辆行驶的速度那么快，你竟然还忽然变道想要超车，要不是我躲得及时，整辆车都被你撞飞了！”

“还不是因为你不给我让道！”面包车司机手臂受了伤，鲜血正顺着她的小臂往下流，“如果你早给我让道，怎么可能会出事！”

“你变道超车，你负全责，还有理了！”

小货车司机火冒三丈，紧攥的拳头青筋暴起。小雨老师急忙探出头去，对着两位司机道：“你们先别吵，事情已经发生了，还是等交警前来处理问题吧！”说罢，她拿出了医药箱，“你们都受伤了，我先帮你们包扎，免得伤口感染。”

小雨老师不愧是“交际大师”，三言两语就安抚了两位司机的情绪，不但如此，她还麻利地帮助他们清理了胳膊上的伤口，并用纱布缠好。她擦了擦额头上的汗，缓缓开口：“好了，现在交警正在赶来的路上，你们还是省点儿力气，多休息吧。”

“你说得倒轻松。”小货车司机一屁股坐在地上，看着满地的苹果，“这是客户托我拉的货，耽误了进货，我怎么和客户交代？老板扣我工资，我找谁说理！”他越来越激动，最后干脆指向面包车司机的鼻子：“你赔！”

“谁赔谁还不一定呢！是你占道在先，行车记录仪上录得清清楚楚！”面包车司机仰着脸，一把推开了货车司机的手，气势很是逼人。

见双方各执一词，小雨老师急忙再次宽慰道：“不管谁占理，事情已经发生了，好在人都没事，就是万幸。”

殊不知小雨老师的这句话反倒成了导火线，小货车司机一听，立马黑了脸：“事实摆在眼前，今天这件事情如果处理不好，我就堵在这里，你们谁都别想走！”

一直坐在车上目睹这一切的徐若灵深叹一口气，说：“唉……小雨老师真是可怜，她明明是一片好心，现在却变成了‘出气筒’，如果换作是我，我早就拍拍屁股走人了，真是晦气！”

“谁说不是呢，”夏秋赞同地点点头，“其实这场车祸双方司机都有错，一个占道一个想要超车，互不相让。我爸爸说了，开车最忌讳的就是开‘斗气车’，一旦在马路上斗起了气，就等于拿自己的生命开玩笑！”

“何止是拿自己的生命开玩笑，如果不是咱们的司机反应及时，恐怕我们也都要遭殃了！”徐若灵说着，嘟起了小嘴巴，“真是搞不懂这些大人，明明看起来什么都懂，但连这么简单的情绪管理都做不好，真是害人害己。”

听到这儿，一直沉默的陈小皮禁不住开口：“这也能和情绪扯上关系？”

“当然了！”夏秋和徐若灵异口同声，“关系大了。”

“哦？”

陈小皮挠挠头，等待着她们的下文。徐若灵说：“道理很简单，如果两个人能够心平气和地开车，相互礼让，而不是开‘斗气车’，那么这场车祸就不会发生，我们也不至于在高速公路上暴晒了。”

“没错。”夏秋点点头，“归根结底，都是不会管控情绪惹的祸，如果两个人都可以及时调整自己的情绪，意外就不会发生，自然也不会给对方造成麻烦和损失。”说到这儿，她看向陈小皮，“现在你应该能够理解管控情绪的重要性了吧？很多时候，控制不了自己的坏情绪不单单会让小事变大，更可怕的是会酿成大祸。”

夏秋说得没错，因为社会经验的不足，很多人缺少反思自我的能力，从而放纵自己的情绪走向极端，如果一个人因为情绪化惹下不可弥补的祸端，那么最终，受伤害的人只能是他自己了。

# 第二章
# 审视自己，不要放纵没头没尾的坏脾气

## 焦虑——胡思乱想解决不了任何问题

经过两个多小时的长途行驶，“小太阳夏令营”的大巴车终于停在了一处农家庄园的门口。这里青山绿水，景色宜人，乍看之下，金色的向日葵花、红色的番茄和绿油油的菜田连成一片，不但如此，就在不远的地方，还有一大片桃树林。

此时正是采摘桃子的季节，很多大人带着小孩正乐此不疲地在桃树林里采摘新鲜的桃子。陈小皮站在桃林边，口水都流了“三尺长”。这时，一个陌生的女孩悄无声息地走到了他的身边，吓了他一跳……

“拜托，你走路没有声音的吗？”陈小皮拍了拍被吓到的小心脏，不分青红皂白就是一声低吼。

“对、对不起。”女孩尴尬地一笑，接着从口袋中拿出了两个桃子，递给了陈小皮，“我看你看得入迷，一定是想要吃桃子了吧？给，这是我刚刚摘的，新鲜的呢！”

桃子？

陈小皮一愣，这才仔细瞧了瞧眼前这个看起来十一二岁，皮肤呈小麦色，还长了一个蒜头鼻的小女孩。“你是？”他犹犹豫豫地问，因为在他的印象中，她并不是夏令营中的成员。

女孩大大方方地做了自我介绍：“你好，我叫艾玛，是这家庄园主的女儿，我知道，你们都是我家的客人，我等你们很久了。”

“也就是说……那片桃树林也是你家的？”陈小皮难以

置信地眨眨眼，这才接下了艾玛递给他的桃子，轻轻咬了一口，猛地，果肉的香甜直逼味蕾，让他不自觉地眉头舒展，“真好吃！”

“这里不但桃子好吃，我妈妈做的饭菜也非常好吃呢！只不过……”艾玛说到一半，眸子忽然黯淡了下来，“只不过我还有事情要去处理，不能和你聊天了。”说完这句话，她连再见都没有说，就转身跑开了。

真是个奇怪的女孩子……

陈小皮边在心里犯着嘀咕，边放缓脚步，不慌不忙地回到队列中等待小雨老师分配房间。好奇心旺盛的徐若灵凑了过来：“喂！刚刚那个小女孩是谁？我看她……好像和你很亲近的样子……”

“别胡说！”陈小皮眉头一横，急忙打断了徐若灵的话，“她是这家庄园主人的女儿，我们只是碰巧遇见，说了两句话而已。”说着，陈小皮上前领取了房卡，转移了话题，“你们接下来准备做什么？”

“那边有一处人工湖。”夏秋指着树林后的方向，“要不，我们一起去看一看？”

“我们？”陈小皮指了指夏秋和徐若灵，又指了指自己，还以为自己出现了幻听。

“对，我们。”徐若灵点点头，眼睛一眨不眨地盯着陈小皮看，“你该不会拒绝女孩子的邀约吧？这不是一个绅士应该有的行为。”

“我……”陈小皮犯了难，最后还是盛情难却，同意了一同前往。

五点整。陈小皮换了一身干净的休闲装，跟着夏秋和徐若灵行走在农村小道上。可就在这时，一阵断断续续的哭声传入耳朵，让夏秋猛地停住了脚步。“你们有没有听到有人在哭？”夏秋转过头，见徐若灵和陈小皮不约而同地点点头，她这才踮起脚尖，往远处看了看。不看不知道，一看吓一跳，只见菜田外，一个小女孩正蹲在角落里，哭得正伤心。

“是艾玛！”陈小皮一眼认出了小女孩，还不忘解释了一番，“她就是庄园主人的女儿。她怎么哭了？她刚刚还和我说，她有一件重要的事情要处理。”

“可能是遇到麻烦了吧？”徐若灵边说边往艾玛的方向走去。直至走到了距离她不到一米的距离，这才小心翼翼地开口，试探性地问道：“艾玛？你没事吧？”

一句关切的话语让艾玛止住了啜泣，顿了三秒钟，她慢慢转过头，泪眼蒙眬地看向徐若灵：“你……你怎么知道我的名字？”

“是我告诉她的。”陈小皮尴尬地笑了笑，要知道，陈小皮天不怕地不怕，就怕女孩子哭了。随之，他干脆步入正题，“你一个人在这里哭什么？你不是和我说，有一件重要的事情要去处理吗？”

“嗯。”艾玛点点头，但是下一秒，一滴泪又顺着眼角流了下来，“外婆……外婆送给我的花裙子，我把裙子纽扣弄丢了……”

纽扣?

陈小皮这才注意到艾玛身穿的花裙子上少了一枚红色的纽扣。他扑哧一下笑出了声：“你就是因为找不到纽扣，才躲在这里哭？”

“我担心，我担心我的纽扣被人捡走了，我再也找不到它了……”说着，艾玛眸子又黯淡了下来。

“不可能，”陈小皮摆摆手，“没有人会平白无故地捡一枚纽扣，毕竟它不是贵重的东西。”

艾玛一脸的担忧：“可是，如果它被人踩碎了、丢掉了，或是一脚踢到很远的地方，我也不可能找到它了……”

听到这儿，陈小皮禁不住吐槽：“拜托！你的想象力真是太丰富了，有千千万万种可能，而你偏偏就往最坏的方向去想，你为什么不往好的方向去想呢？”

不知道是陈小皮无所谓的口吻伤了艾玛的自尊心，还是他的话过于直接，戳中了她的伤心事，陈小皮的话音刚落，艾玛哭得更凶了……见事情愈演愈烈，夏秋急忙给陈小皮使了一个眼色，这才蹲下身对着艾玛安慰道：“你别急，哭是解决不了问题的，我们帮你一起找，好吗？”

“你们……帮我？”艾玛哽咽着，“我都在这附近找了三圈了……”

“你确定你的纽扣是在这里丢失的吗？”徐若灵小声提示道，“或许，是掉在了别的地方呢？”

这时，陈小皮忽然想起了初遇艾玛时的场景，猛地，他一拍脑门，“桃树林！你不是还去了桃树林吗？我想想，当时……”他仔细回想了一下，“当时你衣服上的纽扣是不是已经不见了？”

“对！”艾玛抹抹眼泪，点点头，“已经不见了。”

夏秋和徐若灵对视了一眼，二话不说，直奔着桃树林而去。陈小皮和艾玛跟在后面，一路走一路找，最后他们还真的在桃树林的入口处找到了那枚纽扣，解决了艾玛的烦恼。

“看吧，只要不急不躁，就没有解决不了的问题，下一次在遇到同样的事情时，就不要哭哭啼啼、胡思乱想了，并不是每一次都会有人碰巧帮你解决问题的。”夏秋边说边把那枚纽扣放在了艾玛的手心里，“拿好，可千万不能弄丢了。”

“我知道了，谢谢你们。”当纽扣失而复得，艾玛终于露出了灿烂的笑容。与此同时，她也明白了一个道理，那就是在遇事时千万别着急，也千万别焦虑，因为胡思乱想是不可能解决问题的。

## 暴躁——收敛你的坏情绪，世界会变得美好

在小向导艾玛的带领下，陈小皮、夏秋和徐若灵参观了人工湖、茶叶田、薰衣草庄园，还和大家一起品尝了庄园里的大锅饭。陈小皮擦擦嘴，一脸满足地说：“真没想到，这里会这么有意思，如果在饭饱之后再看上一场电影，那就完美了。”

一听这话，徐若灵来了兴致：“我听艾玛说，这里的家庭影院会在八点整开放。”

陈小皮看看手表，现在已经七点四十五分了，他要第一个去抢座位！说干就干，他不知道从哪里找来了半瓶矿泉水，不管三七二十一地就把它放在了影院里最后一排最中间的座位上，这才心满意足地拍拍手，宣布大功告成。可没想到的是，随着电影播放的时间临近，当陈小皮再一次回到影院时，却发现自己起初占的位置上坐了一个扎着双马尾、身穿粉色公主裙的漂亮女孩。

“喂！这是我的座位。”陈小皮大步上前，粗声粗气地说，一点儿都没有绅士风度，“我比你早到了十分钟。”

可那个女孩丝毫没有站起身的意思，反而扬起脸，用她那双深褐色的大眼睛盯着陈小皮，“我有名字，我叫田甜，不叫

‘喂’！再说了，你凭什么说这个座位是你的？我来的时候，这里本来就是空的。”

“我在这里放了一瓶矿泉水。”说着，陈小皮指向了座位的把手处，可此时此刻，那里却被一个米奇造型的保温杯占据，“奇怪，我的矿泉水呢？”

“矿泉水？”田甜听后，发出了轻蔑的笑声，“原来那是你的矿泉水，抱歉，早就被我丢掉了。”

“被你丢掉了？”陈小皮下意识地皱起眉头，啧了一声，“你太过分了，怎么能够自作主张丢别人的东西呢！”

“谁知道呢？我以为那是没有人要的垃圾。”田甜故意把“垃圾”这两个字加了重音。说罢，她自顾自地端正坐好，像赶鸭子一样地对着陈小皮摆摆手，“走开，电影就要开始了，现在，你还是哪凉快去哪儿待着吧！”

不友好的口气，再加上一幅小人得逞的架势，让陈小皮顿时火冒三丈。他提高了音量：“别以为你是女生，我就要忍让你，今天这个座位，你让也得让，不让也得让。不让，我让你看不成这场电影！”

刚好这时，路过这里的小雨老师听到了陈小皮和田甜的争吵声，她急忙拉开了两个人，并问坐在座位上气鼓鼓的田甜：“发生什么事了？这里是公共场合，不能大声喧哗。”

“他抢我的座位！”田甜指着陈小皮的鼻子，毫不留情。

“是她恶人先告状，霸占了我的座位！”陈小皮也不甘示弱，据理力争，“她还把我放在这里的矿泉水扔掉了，真是可恶！”

“是你先选择了这个座位？”小雨老师看向陈小皮问道，“谁可以证明？”

“她们！”情急之下，陈小皮看见刚刚走进影院，还不知道发生了什么的夏秋和徐若灵，“她们可以作证，我是第一个吃完晚饭，跑来影院挑选座位的，而且，她已经承认她扔了我的矿泉水，那瓶矿泉水，现在就在垃圾桶里。”

见事情已经明了，小雨老师也不好耽误大家的时间，于是，她对田甜温声细语道：“做事要讲究先来后到，既然这个座位先被陈小皮选定了，那你就选择其他的座位吧，不就是一个座位吗？其实坐哪儿都一样。”

田甜从小娇生惯养，有很严重的“公主病”，最受不了别人对她进行管教。只是当下，她已经陷入了进退两难的境地，继续待在这儿，明显不占理，但如果拍拍屁股走人，岂不是明摆着认输？想到这儿，她灵机一动，干脆猛地起身，用脚往座位上一踩：“哼！我不坐，你也别想坐！”

好好的一场电影，被这个小小的插曲打扰，陈小皮顿时兴致全无。他走出影院，一个人坐在楼梯前的休息椅上发呆，小雨老师跟在他的身后，犹豫了半天，还是缓缓开口道：“你没事吧？”

“能有什么事？”陈小皮没好气地回答。

小雨老师会心一笑：“今天的事确实是田甜有错在先，但她也不是有意的，或许，她真的不知道那个座位已经被选定了，她更不知道那瓶矿泉水是你的，都是一场误会而已，消消气。”

“误会？她这是‘误会’的态度吗？”陈小皮本来不想提及这件事，但话已至此，他不得不说，“其实就是一个座位而已，如果她好好说话，我完全可以把座位让给她，可是她不但扔了我的瓶子，还在座位上踩了一脚，我还是第一次遇见脾气这么暴躁的女生！”

不得不说，从叛逆少年陈小皮的口中说出“暴躁”这两个字，实属不易。要知道，平日里都是他的暴脾气让旁人直跺脚，没想到一物降一物，现在终于出现了一个让他气得牙根直痒痒的女生，也不知道对他来说，这是一件好事还是一件坏事。

听到这儿，小雨老师也有同感：“是啊，其实这本来就是一件芝麻绿豆大的小事，偏偏因为不恰当的言行给他人造成了困扰，这确实有些不太合适。”说着，她拍了拍陈小皮的肩，宽慰道，“你是男孩子，大气一点儿，别把这件事情放在心上，毕竟，大家还要在一起相处十多天呢！”

“我还要和她相处十多天？”陈小皮只觉得自己的头要炸开了，“我的天啊……”

“相互包容吧！”说罢，小雨老师直起身子，仰头看向星空，“今天的夜色真不错，如果在城市里，恐怕很难看到这么多的星星吧？”

当下，皎洁的月光荡漾着柔柔的涟漪，繁星点点，给这如墨般漆黑的夜，增添了童话般的绚丽色彩。不远的地方，果蔬的清新和着茶叶的香气扑面而来，一切，依旧是那么美妙……

## 偏执——每个人都会做错事，你也一样

被陈小皮列入“黑名单”的田甜哪儿去了呢？

原来，在离开了影院之后，田甜一个人坐到了秋千上，看着一片油菜花田闷闷不乐，只见她把随手捡来的树叶撕得粉碎，再一股脑地丢到地上，嘴巴里还不忘嘀咕着：“臭男生……真可恶……”

“还在生陈小皮的气？”

忽然间，一个温柔的声音打断了她的思绪，来者不是别人，正是小雨老师。田甜忽然间有了一种想要逃离的冲动，好在小雨老师早有准备，一把拉住了田甜的手腕，这才有机会和她坐下来聊聊天。

“你来找我做什么？”田甜不自在地站在一边，明知故问，“我还有事呢！”

“我来和你聊一聊关于陈小皮的事儿。”小雨老师开门见山，但是口气依旧温和。

“哦，原来那个霸占座位的‘臭男生’叫陈小皮，这个名字还真是奇怪。”田甜的眸子一眯，话语中带刺，“我已经把座位让给他了，他还想怎么样？”

“可是你最后把座位踩脏了。”小雨老师提示道，“既然你有意要让座位，为什么要那么做让对方难堪呢？”

“我就是想要让他难堪，免得他自以为是、横行霸道。”说这话的时候，田甜仿佛要把鼻子翘上天，“影院是公共场所，凭什么他放一瓶水，座位就一定是他的？那么明天我在每一个座位上都放上矿泉水，那么整个影院的座位都是我的了？”

不得不说，田甜偷换概念的思维的确强大，三言两语就把小雨老师绕了进去，可事已至此，早已不是争论谁对谁错的时候。小雨老师莞尔一笑，耐心开导着：“陈小皮只把矿泉水瓶放在了座位上，但没有和大家说明那个座位是他的，这也是他的疏忽，但无论怎样，你也不能踩脏座位，那可是公共财物。”

“脏了，擦干净不就行了？我又没有弄坏，大不了，我让我家保姆过来擦干净。”田甜依旧没意识到问题所在。不仅如此，她一想到陈小皮气红了脸的样子，心情就一片大好，还不管不顾地道，“我不管他是陈小皮，还是皮小陈，只要是让我不开心，就不行！”

唉，这个女孩真是任性……

见该说的都说了，田甜依然没有认识自己的错误，小雨老师干脆点出正题：“其实……每个人都会犯错的，大人会犯错，小孩也会犯错，你会犯错，我也会犯错。犯错不可怕，可怕的是意识不到自己的错误，你明白吗？”

“不明白。”田甜对答如流，一副伶牙俐齿的样子，“只有犯错的人才懂得犯错，我又没犯错。”

“你真的这么认为吗？”小雨老师又问。

“当然。”田甜抬起头，就好像打了胜仗一般沾沾自喜，直至小雨老师无奈地摇着头回到房子里，她才收起了脸上的笑容，再一次陷入了沉思。

与此同时，夏秋和徐若灵也在讨论刚刚在影院里发生的事情。徐若灵把最后一口干脆面吞到了肚子里，对着夏秋道：“那个叫田甜的女生简直就是翻版的陈小皮，不但性情暴躁，还不讲道理。”

“还有一点儿偏执。”夏秋补充道，“我从书上看到说，偏执的人是最可怕的，因为他们从来只活在自己的世界里，全然不顾他人的感受。如果发生的事情和他们预期的不一样，他们就会大发雷霆，甚至不择手段，不达目的决不罢休。”

“你说的不就是田甜吗？”徐若灵顿了顿，“她为了不让陈小皮坐那个座位，竟然当着所有人的面把座位踩脏，这样想一想，她的确有点儿偏执。”

没错，田甜的确是一个不折不扣的“偏执狂”，她的偏执已经造成了她性格上的扭曲，这也是她一直以来交不到朋友的原因。随后，夏秋还给徐若灵讲述了一个关于偏执的小故事。

深夜里，一场突如其来的大雨淹没了小镇上的教堂。一个困在教堂里的信徒跪在十字架前虔诚地祈祷着，这时，一个救生员对着他喊道："喂！雨越下越大了！快上船，不然你会被淹死的！"

信徒听后，急忙拒绝道："不！我相信上帝一定会来救我的！"

就这样，信徒放弃了生的机会，继续虔诚地祈祷，只是雨水积得很快，不一会儿的工夫，就已经淹没了他的腰身。好在这时，又一个救生员开着小艇破门而入："你还愣着干什么！快跟我走！"

"不！"信徒对着救生员大喊，"我相信上帝一定会救我的！"

后来，雨水没过了信徒的脖颈，无计可施之下，他只能顺着窗户爬到了屋顶上继续祈祷，就在这时，一架直升机飞了过来，可就在飞行员扔下云梯之时，一阵风猛地吹来，信徒脚底一滑，扑通一声掉入了湍急的水流中，被活活淹死。

故事讲到这儿，夏秋深叹一口气："其实，这个信徒并不是死于自然灾害，而是死于他的偏执，在关键时候，他只坚信自己错误的想法，他明明有两次求生的机会，但都被他放弃了，真是可悲。"

徐若灵点点头，有感而发："偏执真是一个可怕的东西，它会让一个人盲目自信，甚至迷失自我，真希望田甜不要成为这样的人，否则，她一定交不到朋友，在未来，也一定会后悔的。"

## 妒忌——妒忌他人，不如超越自己

当天晚上，为了欢迎远道而来的“小太阳夏令营”的同学们，庄园的主人专门在院子里举办了篝火晚会，还邀请了附近的亲朋好友一起来参加。远远看去，红红的火光跳跃在深夜之中，像是一个妙龄的舞者，十分耀眼。

艾玛受家人影响，从小能歌善舞，尤其热爱音乐，借此机会，她大大方方地打头阵，演唱了一首《茉莉花》——“好一朵茉莉花，好一朵茉莉花，满园花草，香也香不过它……”她的歌声悠扬、温婉，在这夏季的夜里，就像是小桥流水一样令人沉醉。

一曲结束后，周围响起了热烈的掌声，甚至还有人大喊着“再来一首”，让艾玛不知如何是好。夏秋对徐若灵道：“果然是人不可貌相，真没想到，没有受过专业训练的艾玛唱歌竟然这么好听，如果她来到咱们学校，保准是‘校园十佳歌手’之一。”

可是这话到了田甜的耳朵里，却变了味儿。

不知是有意还是无意，只见田甜掏了掏耳朵，轻哼一声：“呵，唱的什么乱七八糟的，难听死了，害得虫子都跑到我的耳朵里，痛死了。”

“虫子跑到你耳朵里，和艾玛唱歌有什么关系？”坐在田甜身后不远处的陈小皮禁不住插嘴，“真是莫名其妙。”

“又是你！”田甜转过头，一脸怒气地盯着陈小皮看，“喂！阴魂不散的家伙，你是不是有意和我作对？”

“我只是路见不平，拔刀相助，一不留神说了一句大实话。”陈小皮一脸的正义，“不喜欢听你可以不听，没人求着你听，用不着说话夹枪带棒的，破坏气氛！”说完这句话，他还刻意鼓了两下掌，对着艾玛喊道，“好听！真好听！”

田甜气得吹胡子瞪眼睛，可是转念一想，如今他们是一伙的，说得再好听，还不如唱得好听证明给他们看！于是，她拍拍屁股站起身，自告奋勇地走到了篝火旁，对着大家道：“大家好，我是青春无敌美少女田甜，我给大家带来一首我的原创歌曲——《虫儿飞》。”

不明真相的观众们个个坐直了身，翘首以待，直至田甜开口唱出了第一句——“黑黑的天空低垂，亮亮的繁星相随，虫儿飞，虫儿飞，你在思念谁……”大家才你看看我，我看看你，议论纷纷。

“她唱的这是什么歌，是《虫儿飞》吗？我是不是听错了……”徐若灵压低了声音问夏秋。

“不知道。”见多识广的夏秋想了想，“或许这是她的原创风格吧，只是……听起来有点儿奇怪。”

夏秋没有说谎，按照常理来说，《虫儿飞》是一首非常应景并且抒情的歌曲，可是田甜演唱的这一首《虫儿飞》却颠覆了歌曲本身的寓意。此时此刻，她正一只手握着麦克风，另一只手指向天空，她不停地抖着腿，就像是在唱摇滚，更令人匪夷所思的是她尖锐的嗓音，就好像指甲刮在铁皮上那般刺耳。

可是田甜还不自知，她依旧陶醉在自己的原创歌曲里，使出浑身解数想要一展风采，甚至在演唱结束后，她还对着陈小皮用挑衅的口吻道：“怎么样？我的《虫儿飞》是不是比她唱的《茉莉花》好听多了？”

“是！”陈小皮干脆冲她竖起了大拇指，说起了反话，“完全是前无古人后无来者，听得我一身鸡皮疙瘩！”

如此“高”的评价让田甜禁不住沾沾自喜，只是她没有想到，刚刚“打败”了一个艾玛，现在又“杀”出来了一个徐若灵。要知道，徐若灵出生在舞蹈世家，从小学习古典舞和民族舞，已经不止一次在舞蹈大赛上获得过奖项，尤其是她的《孔雀舞》，十分唯美动人。

在夏秋的推荐下，徐若灵就为大家跳了一支《孔雀舞》。

音乐回荡在耳畔，泉水叮咚，鸟鸣莺啼。

只见徐若灵背对着观众，轻轻舞动着纤长的手臂，从肩膀到指尖，无一不散发着优雅的美感，她的腰肢柔软，舞姿轻盈，时而如孔雀低头呢喃，时而如孔雀开屏般旋转，即便是穿着便装，她的一颦一笑、一举一动，都如一只优雅的孔雀……

说实话，这是陈小皮第一次如此近距离地观赏《孔雀舞》，如不是亲眼所见，他简直不能相信，看似平凡的徐若灵竟然是一个舞动的精灵，她小小的身体里竟然蕴含着如此炽热的能量！

“太美了……”陈小皮陶醉在其中，禁不住呢喃出声，“这是我见过最美的舞蹈……”

“怎么，现在对徐若灵刮目相看了？”夏秋似乎看穿了陈小皮的小心思，“其实徐若灵是一个多才多艺的女孩子，她不仅会跳舞，还会钢琴、书法，最近她还报名学习花艺，她说一定要让自己忙碌起来，这样才可以发现世界的美好。”

“真了不起。”这一次，陈小皮没有吝啬他的赞美，“和她相比，我整天无所事事，一点儿才艺都没有，我们简直就是两个世界的人。”

殊不知陈小皮和夏秋两个人无心的言论再一次传到了田甜的耳朵里，引起了她极大的不适。这支舞有那么美吗？她问自己，竟想不出个所以然来，毕竟在她的潜意识里，她才是那个多才多艺的才女，至于其他的人，她根本就不放在眼里。

似乎是担心徐若灵抢了她的风头，田甜再一次举手示意，要求播放同样的伴奏，她要即兴为大家跳一支《孔雀舞》助兴。此时，已经有很多人对田甜的行为表达了不满，但为了大局着想，小雨老师还是答应了田甜的要求，替她播放了伴奏。结果，她的表演再一次令人大跌眼镜。

和徐若灵表演的孔雀不同，田甜表演的孔雀没有一点儿优雅和灵性。此时此刻，只见田甜一个人站在正中央，随着音乐的旋律摆动着身体，只不过她的肢体僵硬，四肢完全舒展不开，很多动作看起来都特别别扭，完完全全是真实版的“东施效颦”，让人既觉得尴尬，又觉得可笑。

“太可怕了……”陈小皮捂住眼睛，不想再多看田甜一眼，“为什么会有这么难看的舞蹈……”

夏秋深叹一口气：“唉……都是嫉妒心惹的祸，田甜听不得艾玛唱歌比她好听，又见不得徐若灵跳舞比她好看，在嫉妒心的驱使下，她一个劲儿地想要表现自己，殊不知完全暴露了自己的缺陷。”

没错，都是嫉妒心惹的祸。可见，嫉妒心在某些时候，并不会让人变得更美、更强，反而会显露一个人丑陋的面孔！

## 自大——亲爱的，你不是银河系的中心

愉快的时光总是短暂的，当陈小皮洗漱完毕的时候，已经临近十二点了。与此同时，他的室友——洪书烨也推开房门走了进来，他见陈小皮铺好了床铺，正站在原地盯着他看，便主动打了一声招呼：“嗨！”

“嗨！”陈小皮拘谨地摆摆手。要知道，这可是他有生以来第一次和一个陌生的男生共处一室，或许是为了化解尴尬，他轻咳了一声，开口问道：“你刚刚跑到哪里去了？我到处都没有看到你。”

谁知提到这一茬，洪书烨懊恼地摆摆手：“别提了，刚刚我被田甜拉过去当观众，整整听她唱了三首歌，还看她跳了两支舞，要不是小雨老师前来救场，我估计，现在我都回不来……”

“不、不至于吧……”陈小皮诧异地张大了嘴巴，“这个田甜，真搞不懂她的脑子里都在想什么。”

“或许，我知道她的脑子里在想些什么。”说着，洪书烨把背包放在了地上，一屁股坐在了椅子上，谈起了自己的表妹，“我有一个表妹，她的性格就和田甜一模一样，她从来不会承认自己的错误，也从来不会承认别人比自己更优秀，非常自大。”

洪书烨没有夸大其词，他真的有一个骄傲自大的表妹，叫吴月。

吴月今年刚满九岁，但是她却和其他同龄的小朋友不一样——她不喜欢看书，也不喜欢交朋友，她总是特立独行，想一出是一出。比如全校的同学都要穿校服，她偏偏要把校服外套系在腰间，还自认为这是“潮流”，她还用水彩笔把她的鞋带画得五颜六色的，洗都洗不掉。

不仅如此，吴月还是个暴脾气，她最排斥的就是别人数落她的不是，明明她有错在先，但如果对方不先向她承认错误，她就会号啕大哭，甚至打击报复对方。就拿前段时间发生的真实故事来举例，明明是她不小心踩碎了同桌的铅笔盒，还偏偏怪她的同桌粗心大意地把铅笔盒放在桌角，结果呢？她的同桌不认错，她就趁其不备抓了一把沙子丢到了同桌的书包里，真是可恶至极。

所以，和这个“小魔女”相处，洪书烨吃了不少苦头——他必须要无限度地容忍她刁钻的性格，否则她就会跑到大人面前数落他的不是，并且添油加醋地编造他的“恶行”，这让洪书烨很是头疼。

听到这儿，陈小皮同情地看了洪书烨一眼：“和你相比，我就幸运多了，我也有一个表妹，只不过平日里都是我欺负她，她不敢欺负我，她的性格也没有那么刁钻任性，反而比较内向，也比较无趣。”

“内向，也好过骄傲自大。”洪书烨又是深吸一口气，“说实话，这一次如果不是听说暑假里她要到我家做客，我或许都不会报名参加夏令营。”

“哈哈哈……”陈小皮扑哧一下笑出了声，一脸的幸灾乐祸，“原来，你是来‘避难’的，‘小太阳夏令营’就是你的‘避难营’。”

“算是吧。”说着，洪书烨从书包里拿出了一本《童话集》，“这本《童话集》是她一直想要的，我不给她，她就一气之下撕了我的试卷，所以这一次我出远门，刻意把它带在身边，免得夜长梦多。”

“不就是一本书吗？”陈小皮怎么想也想不通，“你明知道她的脾气秉性，为什么还要和她作对呢？如果是我，她要什么我给她就是了，大不了我再买一本藏起来，不让她知道。”

洪书烨摇摇头道：“我不是不给她，而是我和她有一个约定。”

“约定？”陈小皮坐直了身子，等待着洪书烨的下文。

这一次，洪书烨没有卖关子，他一五一十地道：“我很早以前就和她约定过，只要她改掉自负、自大的性格，我就把这本《童话集》当作奖励送给她。可是她不但没能意识到自己的错误，反而变本加厉、得寸进尺。所以，我这一次坚决不能妥协，否则，她永远都把自己当作全世界的中心，永远都意识不到自己的错误。”

面对洪书烨的良苦用心，陈小皮陷入了深思。

陈小皮未尝不是别人眼中那个自大的少年。只要他说一，没有人敢说二；只要是他不想做的事情，没有人可以逼着他做。就算是他做错了事情，他也不会主动道歉，相反，他会找一千零一个理由替自己开脱，把责任摘得一干二净。

好在，现在的陈小皮已经有所改变了，他也渐渐意识到了骄傲自大给自己和他人带来的负面影响，也渐渐知道了人外有人天外有天的道理，就好比他重新认识了能歌善舞的徐若灵一样，他也重新认识了自己。

## 憎恨——不要让“恶”的种子在心中生根

隔日，早上九点。

陈小皮难得没有赖床，他换了一身蓝色球服，比洪书烨更早一步走出了房间，只不过还没等他将房门打开，他就在地毯上发现了一个粉红色的信封，只见信封的正面写了四个大字——陈小皮（收）。

“给我的信？”陈小皮边喃喃自语，边打开门朝着走廊的左右两侧看了看，确认没有人之后，他扭过头问刚刚起床，正走向卫生间的洪书烨，“洪书烨，这封信是怎么一回事？”

“什么信？”洪书烨半眯着惺忪的睡眼，不慌不忙地打了个哈欠，见信封上写有“陈小皮”的名字，禁不住开口道，“信是写给你的，又不是写给我的，你打开看看不就知道是怎么一回事了吗？”

在洪书烨的提醒下，陈小皮小心翼翼地拆开了信封，映入眼帘的是一张粉红色带有樱花图样的信纸，上面歪歪扭扭地写了几行字——“自以为是的陈小皮，你好，从今天开始，本小姐将正式向你发起挑战！我一定会成功将你打败，让你跪地求饶！接招吧！”

“这、这是谁写的？”洪书烨只觉得这封来历不明的信充满了敌意，“陈小皮，你是不是得罪谁了？”

“你问我？我不知道啊。”陈小皮丈二和尚摸不着头脑，一脸的莫名其妙，“她竟然自称‘本小姐’，那一定是一个女生……”想到这儿，他倒吸了一口凉气，“该不会是她吧……昨天，我和她在影院里闹了不愉快。”

“你是说田甜？”洪书烨早有耳闻，“这点儿小事，不至于记恨到今天吧？”

“是不是她问问就知道了！”说完这句话，陈小皮推开房门，径直在院子里找到了正和两个女生谈笑的田甜。“这是你写的？”他把信举在田甜的眼前，“除你之外，我想不到第二个人了。”

面对陈小皮的质问，田甜非但没有惊慌，反而镇定地站起身，歪着头道：“对，没有错，是我写的！昨晚我左思右想，发现你从和我抢座位开始，就处处和我作对，所以，我要向你发起挑战！”

“明明是你抢了我的座位，”陈小皮皱起眉头，一脸的不情愿，“我才不要和你玩这种小孩子的游戏。”

“玩不玩，那是我的事，你没有权利替我做决定！”说着，田甜看向站在身边手足无措的两个女生，“忘了和你们介绍，他就是我刚刚提到的陈小皮，那个抢座位的臭男生，他的脾气是不是很暴躁？”

“这……”其中一个女孩赔着笑，不知道该说些什么，最后干脆拉起另一个女孩的手，留下一句“我们先回去了”，就先离开了。

当下，硕大的院子里只剩下了陈小皮和田甜两个人，见没有旁人干扰，陈小皮再次开口，表明了他的立场：“我不会因为没有做错的事情向你道歉，昨天的事情我也不想多说第二遍，孰是孰非，所有人都看在眼里。”

“那是因为所有人都中了你的把戏，你贼喊捉贼，我中了你的圈套！”田甜叉着腰，两侧的马尾辫随着她说话的节奏左摇右摆，“总之，从今天开始，你就是我的敌人，我无论做任何事情，都要超过你！”

田甜没有开玩笑，她向来是不撞南墙不回头的性子。就好比早餐时，当所有人都排着队领花卷时，只有她不遵守规矩，硬生生地插在了陈小皮的前面，抢在他之前拿到了花卷。用餐结束时，田甜也是抢在陈小皮之前走出了餐厅，临走时，她还不忘伸出脚绊了一下陈小皮，害陈小皮摔了一个大跟头。

“太可恶了！”

陈小皮坐在原地，先着地的左半边屁股有些隐隐作痛。刚好路过的洪书烨将他扶起，对着田甜的背影道：“一模一样，简直和我的表妹一模一样……”说着，他还不忘同情地对着陈小皮道，“陈小皮，你的苦日子还在后头呢……”

陈小皮是一千个一万个懊悔。

早知道田甜是这样一个报复心极重的女生，陈小皮就不会因为一个座位和她发生不愉快了，可是时间不会重来，这个世界上根本就没有“早知道”，事已至此，他唯一能做的，就是找夏秋和徐若灵诉苦了。

“我该怎么办啊！”陈小皮只觉得自己的脑袋有千斤重，“一想到我还要和她相处十几天，我的头都要炸了。”

“这真是一个世纪难题，”夏秋思来想去也没有想到解决问题的办法，“要怪，就怪田甜的个性太刁蛮，太记仇了。”她看着陈小皮问：“那你呢？你打算怎么做？真的要和她斗到底？”

“除了应战，我还有第二种选择吗？”陈小皮深叹一口气，“唉……这真不是我想要的结果，我本想和所有人相安无事地度过这十几天。”

沉默让周遭的空气更凝重了。过了许久，徐若灵缓缓开口：“其实，除了应战之外，你还有第二个选择。”

“什么选择？”陈小皮抬起头来，等待着徐若灵的下文。

徐若灵清了清喉咙，一本正经地道：“你可以选择宽容，选择原谅。”

“宽容？原谅？”陈小皮掏了掏耳朵，似乎听到了一个天大的笑话，“怎么可能！我的屁股现在还痛着呢！”

“可是，如果你选择应战，那么你也和田甜一样，变成了一个内心充满憎恨的人了。”夏秋附和着，说出了关键点，“难道，你想成为田甜那样的人吗？任凭憎恨的种子在心中生根发芽，再做出一系列冲动的行为，令人生厌？”

“我……我也是被逼无奈。”陈小皮硬着头皮，极力争辩着。

“被逼无奈？”徐若灵顿了顿，“没有人逼你，憎恨与宽容就在一瞬之间，没有人会代替你做选择。”

“没错，”夏秋接过话，一字一顿，“得饶人处且饶人。很多时候，憎恨与宽容就在一念之间，如何选择就看你自己的心了。我们都希望你选择宽容，选择原谅。况且，这对你来说，也是一种解脱，不是吗？”

两个女生动之以情，晓之以理，一瞬间让陈小皮哑口无言。

是啊，如果陈小皮选择应战，那就意味着他也选择了憎恨，而憎恨并不会帮他解决问题，只会让问题变得越来越复杂。就如同《教父》中的那句话——不要憎恨你的敌人，否则你将做出错误的判断。

## 懒惰——和时间赛跑，不做思想的懒汉

丰收的季节，农民们像是辛勤的小蜜蜂，穿梭在庄园里忙个不停。闲暇之余，小雨老师带领着同学们一起来到了番茄地，帮助农民们一起采摘番茄，为了调动大家劳动的积极性，他们还分成了两组进行“摘番茄大作战”。

作为陈小皮的“劲敌”，田甜自告奋勇成了第二小组的组长，并定下口号——打败一组，唯我独尊！而处处被针对的陈小皮呢？像是个没事人一样躲在了树荫下，正两眼发直地看着蓝天发呆呢。

对此，一组的组长——夏秋很是头疼。她背着小竹篓，气喘吁吁地对着陈小皮道：“陈小皮，你可不可以积极配合一下我的工作，如果因为你咱们组输掉了，我怎么和组员们交代？”

“那是你的事。”陈小皮半眯着眼睛，阳光洒落在他的脸上，懒洋洋的样子看起来无比惬意。见夏秋没有离开的意思，

他又大言不惭地补充了一句，“不要打扰我睡觉，我要在这里睡到中午。”

“你！”夏秋气得直跺脚，“陈小皮，昨天我还以为你良心发现，没想到一夜的工夫，你又‘原形毕露’了。看来田甜说的没错，你就是个‘臭男生’，江山易改，本性难移！”

一听到田甜这个名字，陈小皮倒来了脾气：“别和我提她！扫兴……”

与此同时，站在一旁默默关注着这一切的洪书烨走上前来，开口打破了尴尬的境地：“你们吵什么呢？”说着，他给夏秋使了一个眼色，“夏秋，刚刚徐若灵一直在找你，不知道遇到了什么麻烦。”

夏秋心领神会，留下了一句“那这个大麻烦就交给你吧！”就走掉了。

与此同时，洪书烨已经摘下了小竹篓，和陈小皮肩并肩躺在了树荫下，只见他用手遮住了刺眼的阳光，转过头问陈小皮：“你为什么不和大家一起摘番茄？难道你要临阵脱逃？让田甜看笑话？”

“我只是觉得无聊，”陈小皮这才说出了心里话，“小朋友都会做的事情，我才不想去做呢。”

“是‘不想’，还是‘懒’？”洪书烨一字一顿，毫不留情，“摘番茄虽然有些无聊，又有些辛苦，但是你想想看，居住在这里的农民，他们每天都要重复做这件事情，但如果没有他们的辛勤劳动，我们怎么会吃到新鲜的水果和蔬菜呢？”

“这是他们的事，”陈小皮又说出了他的口头禅，“和我无关。”

“别忘了，你现在可是团队中的一员哦！”洪书烨提示道，

“在比赛中，人人都要遵守比赛规则，哪怕再简单的比赛，也要坚持到最后一秒，因为你现在代表的是集体，而不是你个人，明白吗？”

“话说的倒是没错……”陈小皮竟有些动摇，“可是我……”

“你啊，就是‘懒癌’在作祟。”洪书烨接过了陈小皮的话，再一次一针见血地评论道，“因为懒，你一个人躲到大树底下休息；因为懒，你忽略队长夏秋的感受；因为懒，你不顾小组比赛的输赢。总而言之，都是因为一个字——懒。”

“没、没那么严重吧？我没有忽略夏秋的感受，也没有不顾小组比赛的输赢……”说着，陈小皮不自觉地坐直了身子，“好了好了，我现在就去参加比赛，摘最多的番茄，总可以了吧？”

“这才是有担当的男子汉！”

洪书烨给陈小皮点了一个赞，并同他一起前往番茄园，只是时间不等人，此时此刻，距离比赛结束只剩下不到十分钟的时间了，只见胜券在握的田甜得意扬扬地拎着满满一筐番茄，对着陈小皮道：“陈小皮，你就认输吧！”

“认输？我为什么要认输。”陈小皮边说边摘下了一个熟透的番茄，装进了小竹篓里。

田甜发出了鄙夷的笑声：“你才摘了一个番茄，而我呢？已经摘了一筐了，和我比？你有什么资格。”

“谁输谁赢还不一定呢！不到最后一秒，我是不会放弃的！”说罢，陈小皮摆摆手，像赶鸭子一样把田甜赶到了一边，而田甜也回到了自己的战队，投入到了接下来的比赛中。

没错，不到最后一秒，决不放弃！

接下来的十分钟里，陈小皮恨不得长出三头六臂，单单一个人就采摘了一整筐番茄，随着时间一分一秒的逼近，他也渐渐意识到了时间的可贵。原来，时间真的会从懒惰中悄悄溜走，即便后悔，时间也回不来了。

最终，陈小皮所在的小组以一公斤之差输掉了比赛。见陈小皮站在一旁垂头丧气、一言不发，夏秋豁达地一笑：“没关系，继续努力就好了，下一次，你可千万不要偷懒哦！”

“下一次，我一定不会偷懒了！”陈小皮点点头，许下了承诺。他想，如果再给他一次机会，他一定会加入队伍，获得胜利。

# 第三章
# 树立信心，不做彻头彻尾的悲观主义者

## 恐惧——没有什么比心底的恐惧更可怕

一转眼的工夫，“小太阳夏令营”的同学们已经在农庄里待了两天了。这两天里，虽然发生在身边的都是一些平淡无奇的小事，但是对这些从小生长在城市里的孩子来说，处处都充满了新奇。

只是时间越久，陈小皮越对一个身材瘦小，脸上长有雀斑的女生产生了好奇——当所有人都聚在一起参与活动的时候，只有她唯唯诺诺地站在最后。她既不说话，也不笑，陈小皮甚至不知道这个女生叫什么名字。

这天下午，陈小皮一个人在房间里收拾行李，碰巧看到这个女生从他的房门前路过，出于好奇，他偷偷地跟着她一路来到了院子里的兔子窝旁，她蹲在长椅边，对着兔子说起话来。

真是奇怪……

陈小皮在心里犯着嘀咕，毕竟他从来都没有听过这个女生说话，可是现在，她竟然对着一群不会说话的兔子说话，你说奇怪不奇怪？陈小皮又向前凑了凑，女生如蚊蝇般细小的声音断断续续地传了过来：“小兔子，请你告诉我，我应该怎么办……我真的不想一直这样下去了……”

听到这儿，陈小皮猛地清醒了几分，难道这个女生被欺负了？不知道哪里来的冲动，陈小皮一步上前，拉住了女生的衣袖，问道：“谁欺负你了？你告诉我，我帮你教训他！我最看不得欺负女孩子的人了！”

女生吓了一跳，一个踉跄差点儿摔倒。“放、放开我，”她带着哭腔，模样很是可怜，“你、你弄痛我了。”

“啊！对不起！”鲁莽的陈小皮连忙松开了女生，后退了一步，“我、我不是有意的，我只是……只是……”

见陈小皮支支吾吾了半天，也没有说出个所以然，女生会意地摇摇头，轻言细语地说了一句：“没事，我没有受人欺负，谢谢你的关心。”

“可是我刚刚明明听到你说……”陈小皮轻咳了一声，“对不起，不小心听到了你和小兔子的谈话，我知道这是不对的，我只是有点儿好奇。”

“好奇？”女生抬起头，一双颇有古典美的丹凤眼看着陈小皮，只是她的刘海太长，遮住一半眼睛，让人看不清她的眼神。

意识到自己又说错了话，陈小皮恨不得找个地缝钻进去，可事已至此，已经无路可退，于是，他干脆说出了实情：“对，确实是出于好奇，因为我见你总是独来独往，不和人说话，也不会笑，我以为你被人欺负了。”

听到这儿，女生终于明白了是怎么一回事，原本紧绷的身子也跟着放松了许多：“没有人欺负我，我只是害怕。”

“害怕？”陈小皮顿了顿，“难道你自己一个人住一个房间里吗？”

“不，我们房间里一共有三个女生呢！”女生解释说，“陌生的环境、陌生的人都会让我感觉到恐惧。其实，我也想要和大家成为朋友，但是我不知道应该怎么去说，怎么去做，所以，我才会找小兔子谈心，希望它们帮助我。”

“原来是这样，”陈小皮若有所思地点点头，“只是你把小兔子当作倾诉对象，这是一个不明智的行为，因为它们听不懂，即使你说得再多，它们也不可能帮你出谋划策，你的烦恼依旧还是你的烦恼，是没有办法得到解决的。”

“那我应该怎么办？”女生低下头，盯着自己的脚尖，缓缓开口，“我没有办法说服自己，当我下定决心想要和陌生人沟通时，我就会变得恐慌，变得焦躁不安，我害怕别人不喜欢我，害怕给别人添麻烦，我总是胡思乱想……”

“但现在，我们不是一直在沟通吗？”陈小皮眨眨眼，“其实，很多令你恐惧的事情，并没有你想象中那么可怕。就好像我，我曾经最怕的事情就是坐过山车，直到有一次，我因为赌气坐上了过山车后才知道，原来过山车也不过如此，一点儿都不吓人，都是我自己吓自己罢了。”

“你真是太勇敢了，如果我有你一半勇敢，那就好了。”说着，女生露出了一丝苦笑，“谢谢你告诉我这些。”

“我想要做的，是帮助你解决兔子不能帮助你解决的问题。”陈小皮这句话说得像是绕口令。霎时，他想到了一个好主意，“如果你愿意的话，我可以把夏秋和徐若灵介绍给你，她们是两个性格开朗、喜欢交朋友的女生，我想，你们一定可以成为好朋友的。”

“夏秋、徐若灵……”女生默念着这两个名字，回忆道，“她们是不是都在篝火晚会上表演了节目？徐若灵还跳了一支《孔雀舞》？”

“你认识她们？”陈小皮惊奇地张大了嘴巴，“没错，徐若灵就是那个跳《孔雀舞》的女孩。”

“不，我不认识她们，她们也不认识我，”女生摇摇头，“但是我很喜欢她们，很欣赏她们的勇气和才华，所以默默记下了她们的名字。”

“那就太好了，”陈小皮拍了拍手，“如果你害怕，那我就陪你一起去，只有学会克服恐惧，才能解决问题，对吗？”

“对……吗？”女孩为难地应和着，犹豫了许久，最终还是对着陈小皮点点头，“你说得对，害怕没有用，只有学会克服内心的恐惧，人才会成长。”说着，她露出了笑容，“我准备好了，我想，我会勇敢地迈出这一步的。”

## 胆怯——迈出第一步，全世界都会为你鼓掌

陈小皮没有食言，第一时间就带着那个女生找到了正在和艾玛告别的夏秋和徐若灵，夏秋见陈小皮的身后跟着一个有些面生的女生时，一如既往地露出了灿烂的笑容：“你们好！”

“又见面了。”陈小皮嬉皮笑脸地打了声招呼，紧接着把躲在他身后的女生推到了夏秋的面前，“她有话要和你们说。”

“哈？”似乎是和自己预期的不太一样，只见女生一愣，犹犹豫豫了半天，最终还是躲回陈小皮的身后，支支吾吾地开口道，“我……我……”

“别害怕，就按照刚刚我教你的做。”陈小皮耐着性子鼓励她，再一次把女生拉到了前面，可是这一次，女生干脆脸一红，跑掉了。

摸不着头脑的夏秋和徐若灵面面相觑：“什么情况？”徐若灵看向躲在树后不敢探头的女生，眨巴着眼睛问陈小皮：“她是谁？你们之间……”

“她叫初晴，也是夏令营中的一名成员，和我们一样大。”陈小皮开门见山，替初晴做了介绍，“只是她太胆小，不懂得如何在陌生的环境里和陌生人交朋友，所以我才想到把她介绍给你们。”

“原来如此，”徐若灵后知后觉地点点头，想了想道，“对于我们来说，这当然不是一个难题，只不过……她现在的样子，好像把我们当作会吃人的‘怪物’一样，我们有那么可怕吗？”

“再可怕，也没有陈小皮可怕吧？”夏秋开了一个玩笑，随之拉起了徐若灵的手，“走，既然初晴不敢和我们说话，那我们就主动一点儿，说不定迈出这一步，我们三个人真的能够成为好朋友呢！”

与此同时，躲在树后的初晴只觉得心脏快要跳出胸膛，她也不知道自己这是怎么了，明明在陈小皮的鼓励下做足了心理准备，可当她真的看到了夏秋和徐若灵时，竟一句完整的话都说不出来，以至于现在，她甚至有了打退堂鼓的想法。

“你在这里做什么？”为了避免气氛的尴尬，夏秋边走边引出了话题，“你的行李收好了吗？”

“收、收好了。”初晴扭扭捏捏地别开视线，不敢直视夏秋的眼睛。

夏秋友好地笑了笑说：“你好，我叫夏秋，是精英中学初二年级的学生。”说着，她看向徐若灵，“这是我的好朋友徐若灵，她是我的同班同学，这一次我们来参加夏令营，是为了结识新朋友。”

“你、你们好。”初晴咽下了因为紧张而滋生的唾液，深吸了一口气，壮着胆子自我介绍，“我叫初晴，初是初夏的‘初’，晴是晴天的‘晴’。我……我今年十四岁，也是初二的学生……”

“初晴，你的名字可真好听，就像你本人一样文静，你一定和洪书烨一样，喜欢看书吧？”古灵精怪的徐若灵歪着头猜测道。

“洪书烨？”初晴呢喃着，在脑中思索着这个名字，霎时，一个戴着眼镜，看起来斯斯文文的男孩子形象出现在脑海。“我……我的确很喜欢看书，我喜欢看小说，比如说《哈利·波特》。”

“那你和洪书烨一定可以成为好朋友，他可是《哈利·波特》的忠实粉丝。”徐若灵提议道，“不如，有机会，我把洪书烨也介绍给你，他是一个很成熟的大男生，比陈小皮成熟多了。”

“其实……陈小皮也没有表面上那么顽劣，”初晴抿抿唇，硬着头皮道，“在所有人中，他是第一个注意到我，真心想要帮助我的人。如果没有他，我也不会认识你们，更不会和你们说话了，所以我很感谢他。”

“你最应该感谢的人，是你自己。”听到这儿，夏秋忍不住插言，“是你自己变得勇敢了，变得敢于尝试了，所以才会交到新朋友，否则，就算有十个陈小皮，也没有办法帮到你，不是吗？”

“是这样吗？”

初晴问自己，但不可否认的是，她真的在不知不觉间变得健谈多了。也就一会儿的工夫，就和起初那个唯唯诺诺，想要临阵脱逃的小女生判若两人，就如同夏秋说的那样，这是勇敢的力量。

见三个女生聊得还不错，一直默默在一旁观察的陈小皮这才放下心来，缓缓走上前，对着初晴道：“怎么样，我说得没有错吧？你担心的事情只是自欺欺人而已，事实证明，大家都很喜欢你。”

“谢谢你，”初晴腼腆地一笑，露出了两个浅浅的酒窝，“是我总是胡思乱想，是我的问题。”

“以后，你就不要再胡思乱想了，要想，也多想想好的一面。”徐若灵莞尔一笑，拉住了初晴的手，“比如，想一想接下来我们会到哪儿去，会看到怎样的风景，遇见怎样的人。我想，下一站一定也会留下很多美好的回忆。”

“没错。”夏秋点点头，“胡思乱想也是一天，开开心心也是一天，如果因为忧愁和胆怯忽略了生活中的美好，那岂不是得不偿失？而且，人生本来就充满挑战，如果不勇敢一点儿，那岂不是等于向每一次挑战认输？”

是的，人生原本就荆棘满布，如果不勇敢一点儿，就等于向未来缴械投降。这句话深深地印在了初晴的脑海中，在这个夏天，她不仅勇敢地结识了新的朋友，还明白了很多道理。她想，勇敢的人生，真好。

## 猜忌——相信自己，你其实能更优秀

“小太阳夏令营”的下一站来到了同学们期待已久的“打卡胜地”——海洋世界主题公园。

海洋世界主题公园位于市内的一所公园内，面朝大海，即便是周一也是人声鼎沸。主题公园共分为四个馆——极地馆、深海馆、珊瑚馆和海洋馆。馆内都是来自世界各地的海洋生物和极地生物。

这是陈小皮第一次如此近距离地在极地馆中看到真实的小

企鹅。

只见企鹅伸出小小的脑袋，顶着白花花的肚皮，像个身穿燕尾服的绅士一样站在冰面上等着饲养员喂食。讲解员讲道："企鹅是世界上最古老的游禽，它有'海洋之舟'的美称，据说，在地球穿上冰甲之前，企鹅就已经生活在南极了。到目前为止，全世界已知的企鹅共有十八种，其中体型最大就是站在你们面前的帝企鹅，它成年后的身高约为一百二十厘米，其次是王企鹅，它成年后的身高约为九十厘米……"

听到这儿，陈小皮禁不住赞叹道："原来企鹅也分种类？我之前在电视上看到过企鹅，还以为企鹅就叫企鹅，它们不分种类的呢！真是令人大开眼界。"

"看来，你要多学习一些海洋知识了。"讲解员和蔼地一笑，对着陈小皮接着道，"除了帝企鹅、王企鹅，待会儿你们还能看到体型最小的小蓝企鹅，这些企鹅大多生长在南半球，它们用羽毛来取暖，虽然走路的时候一摇一摆的，看起来有些滑稽，但是它们个个都是'游泳健将'，都是水中的高手。"

这不，讲解员的话音刚落，一只吃饱喝足的帝企鹅就扑通一声跳到了水里，和刚刚走路时的笨拙样子截然相反，它正自由地穿梭在水中，就像是一艘潜水艇一样，时不时变换着游泳的姿势，模样非常可爱。

见陈小皮愣在原地迟迟不肯离开，讲解员提示道："今天是我们海洋世界主题公园建馆二十周年的纪念日，你们有没有兴趣一起到活动中心参加活动？我们将随机抽取关于海洋动物的考题，只要连续答对五道题，就可以获得限量版的玩偶哦！"

一听这话，最爱凑热闹的陈小皮来了兴致："我参加，我一定参加！"

十一点整，陈小皮愣是把夏秋、徐若灵和初晴一路连拖带拽带到了活动中心，此时此刻，徐若灵是一千个一万个不愿意：“拜托，珊瑚馆我还没有看完呢！还有海洋馆，据说待会儿有海狮表演，我可不想错过这么精彩的表演。”

“我不会耽误你看表演的。”陈小皮主意已定，不顾徐若灵的阻拦径直找到了活动点，对着在那里等候多时的工作人员道，“我准备好了，我要答题！”

见陈小皮似乎是有备而来，工作人员笑言：“每个人只有一次参与答题的机会哦！如果中途选错了答案，就失去了获得奖品的机会，所以，你们一定要想清楚再作答。”

“那是当然！”陈小皮拍拍胸脯，“包在我身上！”

只是理想很丰满，现实很骨感，即便陈小皮信心十足，立志一定要带个限量版的玩偶回家，他还是在第一道题的面前败下阵来，只听工作人员出题道：“第一题，请问被称为‘海洋之舟’的企鹅，它们最多可以承受零下多少摄氏度的严寒呢？”

零下多少摄氏度？当然是零下很多摄氏度了……陈小皮在心里嘀咕着，要知道，这道题已经超出了他的知识范围，但是三个女孩就站在他的身边，碍于面子，他还是抖着脚，信誓旦旦地道：“简单！零下五十摄氏度！”

“你确定？”工作人员拉长了尾音，有意再给陈小皮一次答题的机会。

陈小皮心领神会，急忙改了口：“不不不，我说错了，是零下七十摄氏度，一定对！”

只可惜，陈小皮改了一次答案，最后还是答错了。当工作人员宣布正确的答案是零下六十摄氏度的时候，陈小皮的肠子都快要悔青了，他不甘心地说：“差一点儿，就差一点儿！真是扫兴！”

“差一点儿，我看是差了‘很多’点儿。”站在一旁看热闹的徐若灵禁不住说，“你应该向我学习，对自己有一个清楚的认识，我知道我一定会回答错误，所以我干脆就不参加，免得让人看笑话。”

“你的意思是说我不自量力了？”陈小皮嘟着嘴，止不住地唉声叹气，“不管怎么样，限量版的玩偶还是泡汤了……”

事情发展至此，对于并不熟悉海洋知识的人来说，似乎已经成了定局，殊不知就在一行人准备离开此处前往珊瑚馆之时，一直默不作声的初晴忽然小声说：“我……我想，我可以试一试……”

“你？”停下脚步的陈小皮还以为自己出现了幻听，“你行吗？”

“行不行我也不知道……”初晴尴尬地笑了笑，“只是我很喜欢看这一类的书籍，而且刚刚出的那道问题，我刚好会……”

“真的假的？”徐若灵也难以置信地睁大了眼睛，“既然如此，那你就试一试，反正我们还有时间！”

在大家的鼓励下，初晴壮着胆子站上了挑战台，只听工作人员出题道：“下面请听第一题，请问，全球的海洋被分为四个主要大洋，分别是什么呢？”

一听到这个题目，陈小皮禁不住皱起了眉头。初晴连想都没想，就对答如流，“太平洋、大西洋、印度洋和北冰洋，”说着，她还加上了一句，“大洋的划分主要以陆地和海底地形线为界。”

“回答正确！”工作人员赞许地为初晴亮起了第一个绿灯，紧接着问道，“下面请听第二题，请问，已知海洋中最大的生物是什么？”

“蓝鲸。”初晴又是不假思索，“成年后的蓝鲸体长可达到三十三米，重达一百八十一吨，它是海洋中最大的生物。”

连续答对了两道题，这让原本对初晴没什么信心的陈小皮对她刮目相看。可好戏还在后头，不出几分钟的工夫，初晴又答对了三道题。其中“请说出海洋中会发光的五种生物”这一题，初晴一口气说出了夜光藻、甲藻、磷虾、海羽、游水母、多鳞虫、樱虾、海萤、齿裂虫九种生物，就连工作人员都难以相信，站在她面前的竟然是一个只有十四岁的女孩子。最终，初晴成了今日第一个通关选手，获得了限量版的企鹅玩偶。

“真是人不可貌相，海水不可斗量。”陈小皮禁不住道，“真是太了不起了。”

“没什么，这些问题刚好我在书中看到过。”初晴腼腆地笑了笑。紧接着，她将企鹅玩偶递给陈小皮，“给，你不是想要这个玩偶吗？送给你。”

“这是你的奖励，”受宠若惊的陈小皮急忙摆手拒绝，“我不能拿。”

“可是，没有你昨天的开导，我也不会有自信站在这里回答问题，”初晴诚恳地说，“我平时是一个没有自信心的人，我总是猜忌他人，也猜忌自己，我从来都没有勇气相信自己，是你给了我勇气，还让我结识了新朋友。”

“既然如此，这个玩偶我就更不能收下了。”陈小皮道，“因为它不单单是一个奖品，还是你成长的见证，以后只要你看到了这个玩偶，就会想起今天，想起今天的自信，这样，你就再也不会自卑了。”

没错，没有什么比成长更为重要的事情了，小小的企鹅玩偶虽然只有巴掌大，但对于初晴来说，却是沉甸甸的一份厚礼，那是她的勇气，也是成长最好的证明。

## 伤心——花开花落，都是人间常态

在深海馆里有一个长达一百一十米的海底隧道，人们可以透过透明的玻璃，清楚地看到各种各样的海洋生物在人们的四周畅游，置身于其中，就好像在海底的世界中遨游、漫步，好似穿越到了另外一个空间。

陈小皮还是第一次经历如此巨大的海龟从他的头顶上方游过，他下意识地用手捂着头，生怕海龟一不留神“掉”下来砸中他聪明的脑袋。“太神奇了……”他又是惊奇，又是害怕，“这些海龟、鲨鱼，真的不会撞碎玻璃，把我吃掉吗？”

“你这是杞人忧天。”相比之下，徐若灵显得淡然得多，“我想，你还是操心操心今晚的日记要怎么写吧。”

“也是，”一提到日记，陈小皮头都大了，只听他喃喃道，“我是出来玩的，又不是出来学习的，为什么小雨老师要给我们安排这么无聊的任务，真是扫兴。”

“你不觉得小雨老师是用心良苦吗？”夏秋禁不住插言，“她是想要告诉我们，即便是玩，也不要忘记学生的本职工作是学习，而且我们学校要求我们每周都要写一篇周记，如果可以把在海洋公园里发生的趣事通过日记的形式记录下来，何乐而不为？”

见夏秋说得有几分道理，陈小皮也不好再争辩，只是就在这时，他猛地停下了脚步，随之，他转过身对着女生们压低了声音道：“我刚刚通过玻璃，看到了一个奇怪的黑影在前面的拐角处，那是什么东西？”

“该不会是你眼花了吧？”徐若灵打起十二分精神，屏住了呼吸探出身，果然，她也看到了一个黑色的身影，正一动不动地蜷缩在角落里。

“我害怕……”初晴躲在了夏秋的身后，要知道，他们现在身处的位置是海底隧道，只能向前走，不能向后退，也就是说，无论前面发生了什么事情，他们都只能向前走。

陈小皮硬着头皮轻咳了一声：“有什么好怕的？这个世界上又没有‘鬼’。”说着，他壮着胆子上前一步，殊不知几乎就在同一个时间，那个黑影忽然动了起来，吓了陈小皮一大跳，“你是谁！”

“你是谁？”与此同时，一个柔柔弱弱的声音从不远处传过来，见来者是四个同龄人，他站直了身，对着陈小皮道，“你吓了我一跳。”

“你、你才吓了我们一跳呢！这里是海底隧道，你一个人躲在那里做什么。”陈小皮跺跺脚，抖了抖一身的鸡皮疙瘩，对着眼前比他矮一个头的男生抱怨道，“你知不知道，人吓人，是会吓‘死’人……”

“我在这里想事情，”男生一脸的无辜，“这里安静。”

“是挺安静的……”徐若灵看了看遨游在周围的生物，好奇地问道，“你一个人躲在这里想什么？鲨鱼就在你的头顶游来游去，难道你不会害怕吗？你的家人和朋友呢？他们不会找你吗？”

面对徐若灵一口气提出的四个问题，男孩露出了不耐烦的神色：“别和我提他们，我已经够倒霉的了，如果被他们知道了真相，他们一定会嘲笑我的。”

“到底发生了什么事？”意识到了事情的严重性，夏秋上前一步，试图安抚男生的情绪，“如果你遇到了解决不了的难题，可以告诉我们，我们可以帮你一起想办法。”

“你们？我又不认识你们。”男生不领情，口气里充满了怀疑。

“众人拾柴火焰高，大家一起帮你，总好过你一个人自哀自怨。”徐若灵接过话，开口道，“更何况，你一个人躲在这里，也不是解决问题的办法，如果遇到坏人，把你抓走了就糟了！”

“我又不是小孩子……”男生自言自语地嘀咕了一句，这才犹犹豫豫地说出口，“我把我妈妈给我的零用钱弄丢了，可是我已经答应我的朋友们，要请他们吃冰激凌，如果换作是你们，你们怎么办呢？”

“当然是找了。”陈小皮不假思索地回答道。

“如果找不到呢？”男孩又问。

“那就接受现实，和你的朋友解释清楚，他们会理解你的。”说罢，陈小皮眉梢轻挑，“这不是很简单的事情吗？”

“都怪我太粗心大意了，我刚刚不应该把钱放在口袋里，我应该放在书包里……”男生轻叹一口气，深深地自责起来，“如果当时我再小心一点儿，就不会发生这件事情了，那可是我一个月的零用钱……”说到伤心处，男生竟然低下头，抽泣起来。

“不、不至于吧……”陈小皮最见不得别人哭了，“其实，弄丢东西是再正常不过的事情了，我昨天还弄丢了两只袜子，没办法，我只能穿两只不一样的袜子。”说着，陈小皮拉起了自己的裤腿，果不其然，他脚上穿的虽然是一对白色的袜子，但是袜口处一只是红色的，一只是黄色的，如果不仔细看，还真看不出来。

不知是不是有意调节气氛，徐若灵笑出了声：“哈哈哈！

太搞笑了，我还是第一次看到有人这样穿袜子。”

“这有什么？”陈小皮撇撇嘴，丝毫不觉得尴尬，“去年冬天的时候，我还不小心弄丢了一只手套，没办法，我只能戴着两只不同颜色的手套去上学。还有，我黑色鞋子上之所以系着黄色的鞋带，就是因为我之前把黑色的鞋带弄丢了，这才退而求其次，随便找了一双鞋带替换上。”说到这儿，陈小皮看向男生，“其实，人都会粗心大意，就像是花开花落一样的稀松平常，如果总因为一点儿小事闹情绪，那岂不是太无聊了？”

陈小皮说得没错，人人都有因为不小心而丢了东西的经历，这原本就是一件平淡无奇的小事，但如果把事情放大，影响了心情，那就得不偿失了。毕竟，不如意是人生的常态，就像是花有花开时，就必有花落日一样。快乐是一天，忧伤也是一天，为什么不选择快乐呢？

或许是陈小皮的一席话说到了男孩的心坎里，只见他吸了吸鼻子，停止了啜泣：“你们说，我的朋友们真的不会嘲笑我吗？”

“世上本无事，庸人自扰之。”夏秋嫣然一笑，“我敢保证，他们一定不会嘲笑你，因为好朋友，向来都是有福同享、有难同当的啊！”

## 孤僻——有了朋友，才能分享快乐

小男孩因为意外丢失了零用钱，一个人躲在海底隧道里郁郁寡欢，好在在陈小皮一行人的帮助下，他终于驱散了心中的阴霾，选择坦然地面对现实。临走前，小男孩对陈小皮道：“大哥哥，谢谢你，你真是一个好人！”

好人？

陈小皮一愣，要知道，回首过去，他都是别人眼中令人头疼的“叛逆少年”，“好人”这两个字，和他沾不上半点儿关系。他一脸诧异地看向夏秋：“他、他说我好人？我是不是听错了？”

“你没有听错，他的确说‘你真是一个好人’。”夏秋重复道，“至少在这件事情上，你做得非常完美。”

“真的吗？”面对女生的夸奖，陈小皮竟有些难为情，“只是举手之劳而已，我并没有做什么特别的事情。”

“你的举手之劳可能对别人来说就是雪中送炭哦！”说罢，夏秋看了看初晴，“其实我们都觉得你不坏，除了偶尔脾气暴躁了一点儿，做事冲动了一点儿，你是一个充满正义和正能量的男生。”

“正能量？”陈小皮还是第一次听到如此正面的评价，“我妈总说我不懂事，总是和我说‘你看看别人家的孩子’，我听着烦都烦死了……”

“做你自己就好了，当然，这并不代表你不需要克服自己的坏情绪。”站在一旁的徐若灵接过话，“每个人的身上都有优点和缺点，这几天接触下来，我渐渐发现你身上的优点其实多过你的缺点，这一点还是让我挺惊奇的。”

“真的假的？”这下子，陈小皮彻底红了脸，“说得我都不好意思了……”

“我们说的都是实话，”说罢，徐若灵看向初晴，询问她的意见，“初晴，对于这件事情，你也有发言权，你说说，陈小皮是不是也有很多的优点？”

“对，”初晴声若细蚊，但字字坚定，“陈小皮为人热情，活泼开朗，还有很多朋友，让我非常羡慕。”

“其实……在来夏令营之前，我并没有什么朋友。”陈小皮挠挠头，说出了实情，“比起和朋友们在一起，我更喜欢独来独往，我希望活在自己的世界里，不去打扰别人，也不愿意被别人打扰。”

“可是现在，你拥有很多的朋友。”初晴大为不解，“是什么在这么短的时间里改变了你？”

“我也不知道，我只是在不知不觉间觉得，在快乐的时候有人分享，这是一件还不错的事情。”说着，陈小皮看向初晴问，“你觉得呢？”

“我和你有同样的感觉。”初晴点点头，腼腆地一笑，“我最怕的事情就是‘交朋友’，我原来不敢在陌生的环境中和陌生的人交朋友，我总是胡思乱想，担惊受怕，但是现在，我觉得交朋友似乎没有想象中那么可怕，相反，它能够带给我快乐。”

“没错，有了朋友，才能分享快乐。”徐若灵赞许地点点头，“我和你们不一样，我有很多的朋友，我可以和小孩子交朋友，也可以和老师交朋友，甚至和我的爸爸妈妈成为朋友。当我不开心的时候，我会把心中的烦恼倾诉给我的朋友；当我高兴的时候，我也会把快乐分享给他们。只有朋友才能让我的烦恼减半，让我的快乐加倍。”

是啊，只有朋友才能让一个人的烦恼减半，快乐加倍。这句话听在陈小皮和初晴的耳朵里，让他们获益匪浅。好在这两个曾经都很孤僻的少男少女，如今也渐渐意识到了朋友的可贵之处，都很愿意敞开心胸，好好地交朋友了。

走出海洋公园，前往大巴车时，陈小皮一行人又在公园门口见到了刚刚因为丢了零用钱而烦恼的小男孩，他依旧穿着黑色外套，背着蓝色的小书包，不同的是，他正和他的朋友们并肩走在一起，手中还拿着一个巧克力冰激凌。

“就是他！”男孩看到了陈小皮，急忙拉着他的朋友们风风火火地跑了过来，“他就是我刚刚和你们提到的好人，还有她们，都帮助了我。”

“看到你解决了烦恼，我真替你感到高兴。”陈小皮笑着道，只是下一秒，他把视线锁定在了男生手握的冰激凌上，“你不是说你的零用钱……”

“这是我的好朋友买给我的，”男生情不自禁地仰起头，口气中带着一丝骄傲，“他们知道我的零用钱找不到了，不但没有嘲笑我，反而买了冰激凌安慰我，我现在一点儿都不难过了！”

“真是太好了，”陈小皮禁不住道，“下一次如果遇到了同样的烦恼，不要再一个人自哀自怜了，不要忘记，你还有你的好朋友哦！”

“我知道了！”这一刻，笑容浮现在男孩的脸上，就像是一阵暖风吹过，满满的都是幸福。

## 紧张——做个深呼吸，告诉自己“我能行”

这一晚，小雨老师带领同学们来到了一处温泉度假山庄，这里与之前暂住的庄园不同，映入眼帘的是宽敞的现代化庭院。三层洋楼的后方是一个可以容纳上百人的水上乐园，除此之外，还有一处人造沙滩。

“我们今天晚上该不会要露营吧？”陈小皮指着沙滩旁的七八顶帐篷说，“我不记得我们的旅游手册中有这一项。”

殊不知徐若灵一听到露营这两个字，眼睛都亮了：“露营？”她惊奇地屏住了呼吸，恨不得现在就狂奔到沙滩上，“太赞了！我还从来都没有露营过呢！我要把我露营的经过一字不漏地记录到日记本上！”

“可是……露营不会很危险吗？”向来胆小的初晴露出了迟疑的神色，“我曾在野外探险的节目上看到说，露营在外，很容易碰到凶残的动物，比如狮子、老虎，还有饿狼和毒蛇，我担心……担心……”

“担心你被野兽吃掉？”陈小皮笑着接过话，“初晴，你也太容易担心了，这里是现代化的城市，又不是荒山野岭，怎么可能会有野兽呢？再说了，就算是有危险，我们有那么多的男生呢！一定不会让女生受伤的。”

就在陈小皮给初晴打了一剂强心针的同时，一个不速之客上门了。“哟！一个大男生，整天和几个小女生腻在一起，也不怕人笑话？”

见来者不是别人，正是和他有“仇”的田甜，陈小皮猛地皱起眉头，露出了厌恶的神色：“我和谁在一起，那是我的事，和你没有关系。”说着，他像赶鸭子一样地向她摆摆手，“我们在讨论露营的事情，没空和你斗嘴。”

“看来，你们也得到小道消息，知道今天晚上要露营了。”田甜自觉无趣地耸耸肩，接着道，“但是，我敢保证，待会儿的搭帐篷比赛中，你们一定没有我的速度快！”说完这句话，她还特地看了陈小皮一眼，“尤其是你！”

谁知此话一出，陈小皮却诧异地张大了嘴：“搭帐篷比赛？”

“你们不知道？”这下子，换田甜觉得不可思议了，“小雨老师说，晚餐后将举行两人一组的搭帐篷比赛，获胜组还有奖品呢。”

“可是……可是我不会搭帐篷，”霎时，初晴又陷入了焦虑中，“这可怎么办……”

“没事，大不了我和你一组。”陈小皮及时解围，对着田甜道，“谁输谁赢，还不一定呢！咱们骑驴看唱本——走着瞧！”

以往，陈小皮从来都不会在意这种无聊的比赛，仿佛在他的心中，完全没有输赢的概念，但是这一次，在初晴的影响下，他也变得紧张起来了。他先是在原地转了两圈，紧接着对初晴道：“你别神神道道的了，不就是一个比赛吗？”

“可是……可是田甜她……”初晴欲言又止，干脆做了一个深呼吸，“我笨手笨脚的，我担心会因为我的失误，导致你输掉比赛，被她笑话。”

“怕什么，大家都是第一次搭帐篷，我就不相信，她的速度一定比我快。”陈小皮摩拳擦掌，安慰她说，“我看电视上，大人们五分钟就可以轻轻松松地搭好一个帐篷，现在我们是两个人，只要配合得好，说不定不需要五分钟就轻而易举地搞定了。”

“你、你的意思是说，你也从来没有搭过帐篷？”初晴抓住了关键词，“天啊，我还以为你有经验呢……”

“凡事都有第一次，只要敢尝试，就是最棒的！”陈小皮给初晴加油打气，“别胡思乱想了，这一次，我们赢定了。”

只可惜理想和现实总是存在差距，当陈小皮真的站在帐篷面前，看着一地零零碎碎的物件时，还真就有些晕头转向。“这个钩子是做什么的？这根棍子呢？”他一会儿看看这个，一会儿看看那个，最后干脆一屁股坐在沙滩上，陷入了困惑。

好不容易平复心情的初晴又惊慌了起来：“完了完了，输定了！”

“别说泄气话，”陈小皮撇撇嘴，情不自禁地咽下了因为紧张而滋生的唾液，“不、不就是用钉子将四个角固定，再竖起支柱，拉起主绳吗？”只是说这话的时候，他完全没有了刚才的底气，直至小雨老师宣布比赛开始，他依旧愣在原地，不知所措。

“先铺地垫。”相比之下，豁出去了的初晴执行力比陈小皮高出了一大截。她手忙脚乱地把地垫铺好，紧接着找到了钉子，用脚直接将钉子固定在了沙子里，这才对着陈小皮气喘吁吁地道，“这样可以吗？”

“可、可以，”陈小皮缓过神，边告诫自己不要紧张，边和初晴一起竖起了支柱，好在小雨老师为他们挑选的都是儿童帐篷，它没有专业的帐篷那般厚重，陈小皮一个人就可以轻而易举地调整好主绳，一眨眼的工夫，帐篷就初见雏形了。

现在，只剩下最后几个步骤了。只见陈小皮一股脑地爬进了帐篷里，将帐篷的底部和墙壁四周连接起来，帐篷外的初晴负责将歪歪扭扭的边缘整理整齐，十分钟之后，陈小皮率先举起手，对着小雨老师道：“老师，我们完成了！”

要知道，对于第一次搭建帐篷的小朋友们来说，十分钟搭建完成可以说是很难的任务，就好比此时此刻的田甜，她还站在原地用尽全身的力气固定支架，还有夏秋和徐若灵，她们的速度虽然比田甜快一点儿，但帐篷的底部也是乱七八糟的，所以这一次，陈小皮和初晴的第一名实至名归。

当天晚上，陈小皮特地在沙滩上找到了正在玩排球的初晴，向她道谢：“谢谢你，要不是你临危不乱，这一次，我们恐怕就输了。”

“没什么，其实在比赛的时候，我比你还要紧张。”说着，初晴露出了一丝笑意，“只不过，当我想到了我第一次上台表演前，小提琴老师对我说的那句‘紧张是偷走成功的窃贼’时，我一下子就释怀了，与其战战兢兢，还不如硬着头皮加油干！就像你说的，大家都是第一次搭帐篷，谁赢谁输还不一定呢！”

“没错，紧张是偷走成功的窃贼，这一次，我要向你学习了。”陈小皮挠挠头，有些不好意思，“以后，还请多多关照。”

## 失望——可以输，但永远不要灰心丧气

这一次的搭帐篷比赛，田甜可以说是输得彻彻底底。因为她太在乎比赛的输赢，以至于当她听到陈小皮和初晴获得比赛的胜利时，她的第一反应是黑着脸跑走了，直到大家搭起了烤火架，准备来一次沙滩烧烤的时候，她都没有回来。

“田甜她没事吧？”初晴看着深黑的夜色，不免有些担心，“天都黑了，一个弱不禁风的女孩子不知道躲在哪里，不害怕吗？换作是我，就算是再不开心，我也不会拿自己的安全开玩笑。”

而陈小皮却不屑一顾地冷哼一声：“弱不禁风？你哪只眼睛看到她弱不禁风了？她明明是一个天不怕地不怕，唯恐天下不乱的‘女汉子’。”

“这么想就是你的不对了，”夏秋拿着烤好的肉串走了过来。“我们是一个大集体，无论田甜和你有什么个人恩怨，你也不能对她的安全置之不理。”她看向初晴说道，“你如果担心，那我们就陪你一起找找，坐在这里胡思乱想，事情只会越来越糟糕。”

见夏秋说得有道理，初晴站起身，和夏秋、徐若灵一起握着手电筒离开了露营地。她们顺着小径的路灯一直往前走，直

至走到了水上乐园，这才停下脚步。“这里一个人都没有，田甜应该也不会在这里。”

“这就奇怪了，她究竟跑到哪里去了呢？”徐若灵想了想，“刚刚我回到房间里拿东西，也没有看到半个人影，难道，她一个人去泡温泉了？”

“那里八点钟就关门了，”夏秋看了看手表，“现在唯一能够自由活动的地方就只有假山那边的小亭子了。”

与此同时，一个人坐在亭子里的田甜只觉得冷风习习，吹得她瑟瑟发抖，可是一想到刚刚输给了陈小皮那个“臭男生”，她就不想回到营地，因为她知道，再一次看到他时，他一定会当着众人的面嘲笑她。“真是讨厌……”

田甜猛地把脚下的石子踢到一边，却不料刚好踢到了忽然出现的初晴的小腿上。初晴嗞了一声，紧接着蹲下了身子：“好痛！”

“你、你没事吧？”田甜急忙起身，但当她看清了来者是初晴、夏秋和徐若灵后，她又皱起了眉头，用质问的口吻道，“你们来这里做什么？”

“散步。”夏秋轻描淡写，“你呢，你一个人躲在这里做什么？”

“躲？我哪有躲，我在这里看夜景。”说着，田甜坐回到亭子里，用手杵着下巴看向远方的竹林，“这里的空气还不错。”

“你宁可一个人在这里看风景，也不愿意和大家一起吃烧烤？”徐若灵问道。

“我减肥，不吃消夜。”田甜对答如流，完全不给徐若灵留情面。

夏秋干脆欲擒故纵，清了清喉咙道：“那真是太可惜了，刚刚，你都没有看到男生们出糗的画面，尤其是那个‘充大头’的陈小皮，他为了抢球，在沙滩上摔了个满嘴泥，连膝盖都擦伤了。”

一听到陈小皮出了洋相，田甜顿时来了兴致：“真的假的，他受伤了？”

“怎么，你关心他？”徐若灵眨眨眼，明知故问。

“我不是在‘关心’他，我是在‘嘲讽’他。”田甜刻意把“嘲讽”这两个字加重了音调，“那个不知天高地厚的‘臭男生’，摔倒了活该！”

听到这儿，初晴的眸子里闪过了一丝忧虑：“田甜，你就那么讨厌陈小皮吗？”

“算是吧，”田甜想了想说，“我最开始讨厌他，是因为他当着那么多人的面和我争一个座位。后来讨厌他，是因为我发现他是一个狂妄自大的家伙。现在我讨厌他，是因为……”她忽然语塞了，“是因为我发现我处处都赢不了他。”

“只不过是一次比赛而已，比赛总有输赢。”夏秋宽慰道，“我们也输了，但是我们都不会在意，下一次再努力就好了。”

“可是，这对我来说不一样，我向他下了战书，我只想要赢得比赛。”不知不觉，田甜的情绪变得激动起来，“可是我也不知道是怎么了，每一次我都信心百倍，但是每一次我都输给他，我吃饭没有他快，跳得没有他高，连搭帐篷都比他慢……”说到这儿，她深叹了一口气，“我都快失去信心了。”

“那是因为，你们比赛的项目都不是你擅长的，”徐若灵说出了关键点，“下一次，你和他比一些女生擅长，但是男生不擅长的事情，你可以和他比赛谁的行李收拾得更整齐，谁的穿衣打扮更好看，我想，他一定赢不了你。”

“真的吗？”田甜一愣，“你们……是在帮我？”

“当然了，我们都是女生，女生当然要帮女生了。”夏秋莞尔一笑，继续道，“如果你愿意，我们可以当裁判，保准让陈小皮吃不了兜着走，让他以后看见你绕道走。”

听到这儿，田甜终于放下了心中的戒备：“谢谢你们，我一直以为你们是一伙的，你们都很排斥我，所以我……”

“所以，是你想多了，我们大家都很愿意和你交朋友。”徐若灵歪着头，深邃的大眼睛眨了又眨，“大家有缘在这样一个特别的大集体里相遇，以后还要相互扶持、相互帮助呢！所以，我们都很担心你，希望你不要因为一个小小的比赛影响了玩乐的心情。”

“刚刚确实有一点儿灰心，但是现在好了，有你们做裁判，我又自信满满了！”说着，田甜站起身，“走吧！我现在就要去看一看那个臭小子摔得满嘴都是泥巴的样子！我要向他发起新的挑战！这一次，我一定赢！”

没错，小小的失意只是你人生道路上偶遇的风暴，你要勇敢地去面对它、打败它，而不是垂头丧气、心灰意冷。要明白，无论遇到任何难题，输赢都只是暂时的，你可以输给任何人，但绝对不能输给自己。

夜光下，四个女生手挽着手，踏上了那条通往营地的小径，星星挂在头顶，像是偷听了她们的小秘密，一闪，一闪，亮晶晶……

# 第四章
# 别抱怨，你的不满只会让事情变得更糟

## 你所抱怨的事情，真的有那么严重吗？

“烦死了，烦死了……”一大清早，徐若灵就忍不住地抱怨，就连坐在她对面的夏秋都没有了吃早餐的胃口。要知道，徐若灵虽然平时看起来活泼开朗，不拘小节，但是每每遇到一点儿想不开的难题，她比任何人都容易碎碎念。

夏秋端正地坐好，对着徐若灵道：“亲爱的，你都抱怨了一个早上了，现在，总可以告诉我，你在烦恼些什么了吧。”

“还不是我那个笨头笨脑的同桌聂达强。”一提起这个人，徐若灵只觉得自己头都要炸开了，“很不凑巧，这一次暑假的‘发明小创造’，我和他分在了一组，但是因为我参加了夏令营，没有办法和他一起做手工，所以他天天给我打电话，刚刚我还没起床，他又给我打了一通电话，我一天的好心情都没有了。”

“他为什么给你打电话？”夏秋越听越糊涂，“难道你没有把你的想法告诉他，让他替你完成吗？”

“我不但把我的想法告诉他了，临走前我还绘制了图纸，就算是傻瓜也会照葫芦画瓢，轻而易举地完成。”说着，徐若灵懊恼地深叹一口气，“可是，这个聂达强就好像是故意找碴，不是打电话问我‘颜色要怎么处理’，就是问我‘牙签用完了要怎么办’，今天早上，他竟然问我‘如何把两个卡片粘在一起’。”

“用胶水就可以了，”夏秋抢答道，“这种简单的问题，还要特意打电话来问你？”

“所以，你现在知道我为什么烦恼了吧。”徐若灵撇撇嘴，缓缓开口，“如果可以，我真的想一个人完成‘发明小创造’，而不是把这么重要的事情交给他来做，免得我费神费力又费心。”

听到这儿，夏秋禁不住笑出声，“虽然你同桌没有那么靠谱，但是这件事情也没有你想象得那么严重，下一次他再给你打电话，你只要耐着性子告诉他如何解决问题就好了，至于那些负面的情绪，还是把它扼杀在摇篮中吧！”

似乎是觉得夏秋说得有几分道理，徐若灵也不再抱怨，只能点点头认了栽。殊不知一波未平，一波又起，徐若灵的情绪还没有完全调整好，坐在不远处的陈小皮就发出了一声低吼：“搞什么鬼！”

“怎么了？”夏秋转过身，看向陈小皮不小心打翻了的餐盘，禁不住倒吸了一口凉气，“天啊！”

“真是太倒霉了！这是我新买的裤子！”陈小皮黑着脸，一脸焦躁地看向弄脏了的裤子，不知如何是好。

洪书烨急忙递上了纸巾，催促道：“愣着干什么？愣着又不能解决问题。”说着，他俯下身子，试图将撒了一身的饭菜擦拭干净，“你行李箱里那么多裤子，换一条就好了。”

“就是，回房间里换一条裤子就好了。”夏秋也俯下身子，加入了清理的行列中。似乎是有些不放心，她抬起头对着洪书烨道：“要不，你陪他一起去吧，我真担心他半路想不通，又开始闹情绪。”

在夏秋的建议下，洪书烨陪陈小皮一同回到房间里换裤子，如夏秋所料，这一路上，陈小皮的嘴都没有闲着。“真是太倒霉了！”他一个劲儿地抱怨，“昨天不小心摔倒，把衣服弄破了，今天又弄脏了裤子，再这样下去，我就没有衣服穿了。”

还不是你自己不小心？洪书烨心里这么想，但是嘴上却没有这么说。“衣服破了就让小雨老师帮你补上，裤子脏了大不了用清水洗净，这么简单的事情，为什么到你的嘴里就变成了世界未解难题？”

“可是，这些事情原本都是可以避免的。”陈小皮和自己生起了闷气。

“比尔·盖茨曾说，如果你陷入困境，不要尖声抱怨错误，要从中吸取教训。下一次注意就好了，难道还有更好的解决办法吗？”洪书烨边说边打开了房间的门，“你的行李箱在那边，现在，你是选择重新换一条干净的裤子，还是选择继续抱怨？”

“我……”陈小皮哑口无言，“还是换一条干净的裤子吧。”

三分钟后，陈小皮换了一条干净的裤子，镜子面前的他看起来神清气爽，全然没有了刚刚的“小家子气”。洪书烨开口道：“现在，你的裤子上没有了污渍，事情也好像没有发生过一样，你依旧会认为弄脏了裤子是一件很严重的事情吗？”

“好像……没有那么严重了。”陈小皮挠挠头，傻笑了一声，“对不起，是我太小题大做了。”

是啊，衣服破了就缝补好，裤子脏了就洗干净，连小孩子都知道的道理，为什么会成为令人头疼的难题？想到这儿，陈小皮竟有些不好意思了。看来，抱怨真是个坏东西，它会在不知不觉间让人失去理智，还会让简单的事情复杂化。

## 怨天尤人，永远都改变不了现状

今天，所有的同学换上了泳衣，准备好好地在水上乐园畅玩一番。只见胆子最大的陈小皮站在了“飞龙在天”的入口处，对着挪不开步子的夏秋和初晴道："这只是游戏而已，你们的胆子也太小了。"

"可是……可是这个滑梯那么高，又那么长，我真担心会出现什么意外。"说着，初晴指着一个小男孩道，"要不然，你让他陪你吧，你们都是男孩子，胆子大。"

于是，陈小皮将视线移至身后那个比他矮半个头，穿着蓝色泳裤的小男孩身上。他见小男孩剃了一个光头，便禁不住打趣道："你的发型可真逗趣。"

"我的发型？"小男孩不好意思地摸了摸自己的后脑勺，对着陈小皮道，"这都是理发师的'杰作'，当时，我想在这个位置剃一个'闪电'的造型，可是他手一抖，把造型剃坏了，没办法，只好剃成光头了。"

"不会吧……"陈小皮不敢相信地睁大了眼睛，"你没有发脾气？"

"没有，"小男孩摇摇头，"事情已经发生了，我能怎么办？"

"你的心态也太好了，"陈小皮忍不住夸赞，"如果换成是我，我一定会大发雷霆的。毕竟，这不是我想要的发型，都是他的错，都是他的失误导致的，我是不会轻易原谅他的。"

"有那么一瞬间，我也觉得非常生气。"小男孩想了想，"可是，我转念一想，抱怨解决不了任何问题，就算我大发雷霆，我的头发也不会长出来，所以我干脆一笑了之，大不了，以后换个理发师剪头发。"

真没想到，小小的男孩竟然如此豁达，一刹那，陈小皮竟然有些自愧不如了。后来，陈小皮将这件事情讲给夏秋和初晴听，他说："那个小男孩可真了不起，剃了光头还能够笑得那么开心，如果换作是我，我可做不到。"

“如果换作是我，我也做不到。”不知在何时，徐若灵和洪书烨走了过来。徐若灵将弄湿的头发一股脑地盘在了脑后，一本正经地道，“头发是我最宝贵的东西，如果理发师剪坏了我的头发，我一定会哭的。”

洪书烨理解地点点头：“在我小的时候，理发师也因为一不小心，把我的头发剪坏了，当时我就哭个不停，但是现在我长大了，很多事情想明白了，就不会那么容易激动了。毕竟人生不如意之事十之八九，如果每一件事情都钻牛角尖，岂不是太累了？”

洪书烨的一席话说到了点子上。没错，人生不如意之事十之八九，如果每次发生不如意的事情都钻牛角尖，日子未免也太辛苦了。

听到这儿，最有发言权的夏秋说话了：“我前些日子刚遇到了一件类似的事情，当时我是学校合唱队的指挥，因为领唱的一个失误，导致演出失败。我当时生气极了，因为所有的观众都以为是我的失误，才导致领唱抢了拍。”

“后来呢？”初晴急忙追问。

“后来，我尝试着向老师解释，可是还没等我开口，那个领唱就哭着找到了我，向我承认了错误，她还说，让我千万不要告诉老师，要不然，她就会碍于面子离开合唱队。”说完这句话，夏秋撇撇嘴，“我当时真的很气愤。”

“那个女生也太过分了，为什么要把错误强推在你的身上？”向来最爱打抱不平的徐若灵插话，“那这件事情，你告诉老师了吗？”

“我没有。”夏秋想了想，缓缓开口，“当时，我把这件事讲给我的妈妈听，我的妈妈听后非但没有指责那个领唱，反而耐心地开导我。她对我说，失误是难免的，在一个团队里，无论谁出现了错误，那都是准备不充分导致的，作为指挥，我也有责任。我的妈妈还说，与其抱怨问题，不如去解决问题，她让我和那个领唱好好配合，争取下一次演出顺利，至于谁对谁错，其实没有那么重要。”

“也对，”徐若灵听后点点头，“事情已经发生了，争一时的对错，似乎并不能解决问题，也不会改变现状，你的妈妈真是个开明的妈妈。”

“所以，我听了妈妈的话，没有向老师说明原因，也没有再抱怨这件事情。结果，那个女同学非常感谢我，她替我找到了我一直没有找到的画本，我们后来成了无话不谈的好朋友。虽然目前没有演出的机会，但是我想，我们的下一次合作一定是完美的。”说到这儿，夏秋的脸上露出笑容，“所以，我深刻地意识到了一个道理，那就是怨天尤人，永远都解决不了问题。”

是的，怨天尤人，永远都解决不了问题，反而会让小事化大。因此，在遇到问题时，要学会冷静、冷静，再冷静，妥善地处理问题，问题才能迎刃而解。

## 坐着抱怨问题，不如站起来解决问题

温泉山庄搭建的水上乐园虽然项目不多，但却专门修建了一条漂流河道，河道内设置了丛石关卡、激流关卡和雨林关卡，围绕整个水上乐园，全程长达一千多米，光是从起始点到终点，就需要花费二十多分钟的时间。

漂流的工具为一只同时乘坐六个人的橡皮艇，人手一支船桨，在水流平缓的时候需要自行划动。坐在最前面的陈小皮拍拍胸脯，信心十足地道：“你们女孩子坐稳了，这种体力活交给我们男孩子就好。”

“我劝你还是不要说大话，”坐在陈小皮身边的洪书烨双手紧握着船桨，看起来有些吃力，“得意得太早，小心待会儿栽跟头。”

洪书烨的话音刚落，陈小皮就因为重心不稳，差点儿掉到河道里。夏秋尴尬地笑了笑：“这本来就是集体项目，我们女孩子也要帮帮忙、使使力。”说罢，她拿起船桨在水里划了划，可是由于技术问题，橡皮艇依旧在原地打转。

这可急坏了不会游泳的初晴，她双手紧紧抓着救生衣，说起话来都带着哭腔：“我们不会一辈子待在这里出不去了吧？如果、如果风把我们的橡皮艇吹翻了，那我们岂不是要‘漂’到终点？”

一听这话，陈小皮差点儿笑出声：“初晴，你的想象力真的太丰富了。”说着，他干脆半蹲着，用双臂充当船桨，奋力地摆动起来，没想到这个“笨方法”竟然奏效了，不出一会儿，橡皮艇终于回归正轨，顺着水流继续漂流起来。

陈小皮擦了擦额头上的汗，观赏起周围的风景。只见河道两侧到处都是真真假假的热带植物，偶尔，他还在树林中看到造型迥异的恐龙模型，置身于其中，仿佛正穿梭在亚马孙河道中，别有一番天地。

可变化总是比计划快，就在陈小皮认为他们会平安无事地抵达终点时，丛石区的几块大石头将橡皮艇死死地卡在河道中央，使他们无法前进也无法后退，求助了半天也无人回应，最终他们不得不冷静下来商讨解决问题的方法。

“怎么办？”徐若灵两手一摊，看向陈小皮，“你刚开始不是说这种体力活全部交给男孩子吗？现在真的出了问题，你快想办法。”

“我……我也不知道会发生意外。”陈小皮无奈地耸耸肩，“现在我们卡在石头丛中，单凭我个人的力量和水流的冲击力，是不可能让橡皮艇重新浮动起来的，除非……”

“除非什么？”夏秋追问道。

“除非大家暂时从橡皮艇上跳下去，我一个人把橡皮艇抬出来，否则，我们只能这样一直原地等待。”说着，陈小皮看向女孩子们，“你们都会游泳吗？”

“我不会。”夏秋摇摇头，看向初晴，见初晴也是面有难色，她又道，“我和初晴都不会游泳，我们不可能从橡皮艇上跳下去。”

“可是你们有救生衣，它会协助你们浮在水面上。”陈小皮接着道，“再不济，你们可以抓住橡皮艇两侧的绳子，我和洪书烨都会游泳，我们也会保护你们，保证不让你们受伤。”

话都说到这个份上了，徐若灵做了一个深呼吸，壮着胆子道：“算了算了，与其坐在这里争执，还不如站起来解决问题，我先下。”话音刚落，只听扑通一声，徐若灵跳进了河流中，好在她挣扎了两下，顺利地抓住了橡皮艇的扶手，站起了身。

见水只没过徐若灵的胸，原本犹豫不决的夏秋也硬着头皮跳了下去，当她意识到看似湍急的水流并没有想象中那么可怕时，她急忙对着初晴和另一个女孩子道：“你们不用怕，勇敢一点儿，跳下来。”

与此同时，被逼到绝地的初晴都快哭了，要知道，如果是平常，她是坚决不会玩这种刺激的游戏的。可是当下，她却不得不克服心里的恐惧跳到水中，这对于一个不会游泳，并且天生胆怯的人来说是致命的选择。

见初晴犹豫不决，另一个女孩子给她加油打气："没办法，如果我们不跳下去，橡皮艇就会永远卡在这里，我们不能只为自己着想。"说罢，她用手捏住鼻子，闭着眼睛跳了下去。

事已至此，初晴也闭上眼睛豁出去了，她大叫了一声，紧接着不管三七二十一地跳向水面，霎时，水面上激起了半米高的浪花，好在洪书烨和徐若灵及时相助，她才没有在水里摔倒。

橡皮艇上没有了重量，陈小皮只需轻轻一晃，它就完好无损地从丛石中被解救了出来。后来，在陈小皮和洪书烨的协助下，四个女生重新坐回了橡皮艇上，而两个男生充当起了领航员，他们赤着脚走在水中，护送女生们抵达终点。

惊悚而又刺激的漂流告一段落，六个小伙伴劫后重生一般坐在石椅上大喘着粗气。"真是有惊无险，"陈小皮擦了擦额头上的汗，开口道，"有那么一瞬间，我真的以为我们要被困在那里了。"

"是啊，"心有余悸的初晴应道，"现在我都不敢相信，我竟然从橡皮艇上跳了下来，我真为自己感到自豪。"

"没错，我们大家都太勇敢了。"夏秋道，"无论是破釜沉舟的女孩，还是临危不乱的男孩，都让人刮目相看。"

"破釜沉舟？"徐若灵眨眨眼，"这个成语有些不太合适吧？"

"不管合适不合适，总之，我们没有坐在原地抱怨，而是凭借着聪明和勇敢解决了问题，这就是最好的结果。"说着，夏秋指向不远处的橡皮艇，"走吧！趁着天色还早，我们再玩一次！”

“出发！”陈小皮举起拳头，这一次，他像是一个真正的船长，带领着他的船员们驶向下一个目的地。

## 爱笑的少年，运气都不会太差

“据科学研究，微笑这个表情能够促进内啡肽、自然镇痛杀伤物质和5-羟色胺的释放，而这三种物质，可以让人们心情变得更加愉悦……”一大清早，洪书烨就捧着一本《知识百科》在陈小皮的耳朵旁念叨个不停，“怪不得要成立世界微笑日，原来，微笑真的有利于人们的身体健康……”

与此同时，还躺在被窝里会“周公”的陈小皮不耐烦地将被子盖在脸上。“喂，”他嘀咕着，“不要打扰我睡觉……”

“太阳已经晒屁股了。”洪书烨干脆跳到了陈小皮的床上，使劲儿踩了踩，“小雨老师说，今天上午要集体到附近的玫瑰谷看花，你再不起床，就迟到了。”

“花有什么好看的，我又不是女孩子……”说完这话，陈小皮翻了个身，继续呼呼大睡。可当听到洪书烨对他说，今天在玫瑰谷有古装剧正在拍摄时，他的瞌睡瞬间被惊醒，取而代之的是一脸的惊奇，“你说什么？那里有人在拍古装剧？”

“小雨老师是这么说的，”洪书烨一本正经的样子看起来不像是在说谎，“小雨老师还说，说不定我们会看到大明星呢！”

大明星！大明星！

本着“凑热闹”的心态，陈小皮用最快的速度吃完了早餐，还不忘往背包里装上笔和纸，第一个坐上了大巴车。一路上，他兴致勃勃地望向窗外，满脑子都在构思待会儿与大明星相遇时的画面，他想，如果条件允许，他也混个群众演员玩一玩。可是当他抵达玫瑰谷时，才发现拍摄基地早已被“包裹”得严严实实，无关人员是根本就没有办法进入的。

“真是扫兴……”陈小皮垂着脑袋，一脸的闷闷不乐，“我们又不是坏人……”

“你要理解，”徐若灵倒是见怪不怪，拍了拍陈小皮的肩安慰道，“影视剧的拍摄属于保密工作，如果有人不小心泄露了剧照，就没有神秘感了，所以，大部分的影视剧拍摄都不允许无关人员随便进入。”

“你懂得可真多。”陈小皮嘟着嘴，怎么也高兴不起来，“好了，亏我还准备了签名纸，现在看来，是我想太多了。”

此时正值夏季，玫瑰谷中的玫瑰花娇艳无比，陈小皮一行人有幸看到了最新栽培的七彩玫瑰，只见一株玫瑰花上，有赤、橙、黄、绿、青、蓝、紫七种颜色，就像是天上的彩虹般绚丽多姿，可是陈小皮的心思全然不在赏花上，而是在不远处的隔板里，因为他隐隐约约地听到导演在那一头训话。

“是不是十个导演，九个都是暴脾气？”陈小皮边嘀咕边走到隔板前，从隔板的缝隙中看过去。此时，正是小演员们休息的时间，只见三个身穿古装的小演员正肩并肩地坐在隔板的那一侧，低着头背台词呢。

陈小皮冲着他们招招手：“嗨！你们听得到我说话吗？”

“谁在说话？”其中一个小演员立起耳朵转过头，正好看到了隔板外的陈小皮，“你是谁？”

“我……我叫陈小皮，刚好路过这里，”陈小皮一时紧张，竟规规矩矩地做了自我介绍，说罢，他禁不住问道，“你们在做什么？”

“我们在休息。”另一个小演员说罢，指了指侧边的方向，“那边有木门，你可以帮我们买三瓶可乐带进来吗？”

“可、可乐？”陈小皮一愣，还以为自己听错了。

“没错，就是可乐，导演不让我们出门，我们只能找人帮忙了。”说着，小演员做了一个“嘘”的手势，“你要悄悄地进来哦！”

在小演员的引路下，陈小皮一行人带着三瓶可乐来到了拍摄的休息区。夏秋大气不敢出，又难以掩饰心中的激动，战战兢兢地道：“我们、我们这样擅自跑进来，真的不会被骂吗？”

“不用怕，没有人会来这里的。”只听戴着帽子的小男孩边喝着可乐，边啊了一声，“真好喝！”

“你们还真是可爱，”徐若灵禁不住道，“你们让我想起了我小时候在剧组拍摄电影时候的场景，那个时候，我和你们差不多大。”

“你还拍摄过电影？”陈小皮惊奇地把嘴巴张成了“O”字形，一脸不可思议的表情。

“只是一个小小的角色而已，不足挂齿。”提起这一茬，徐若灵竟觉得有些不好意思了，“我记得当时我只有一句台词，是女配角在厢房门口，因为遭人陷害喝下了毒药而晕倒，我碰巧路过那里试图唤醒她的时候说的。”

“你究竟还有什么事情是我们不知道的。”陈小皮由衷地发出了感叹，“我就没有那么好的运气实现我的‘电影梦’了，我也想演电影，上电视。”说到这儿，陈小皮竟有些好奇，“徐若灵，你是在什么机缘之下，有了拍摄电影的机会呢？”

“我……”徐若灵想了想，“可能是因为我爱笑。”

“笑？”陈小皮和初晴异口同声。

“对，就是笑。”徐若灵点点头，模样看起来并不像是在说谎，“当时我只是好奇地凑过去看，谁知道正好缺一个小女孩演侍女，我才有了试镜并参与拍摄电影的机会，后来导演和我说，他是被我的笑容打动了。”

“原来是这么一回事，”陈小皮若有所思地点点头，“怪不得别人总说，爱笑的女孩运气都不会太差。”

“爱笑的男生，运气也不会太差哦！”徐若灵歪着头，露出了标志性的笑容，“不相信的话，你就试试看。”

没错，爱笑的人运气都不会太差，不管是女孩，还是男孩。因为笑容具有感染力，你的笑容不但可以让自己的心情豁然开朗，还会给他人带来快乐。当然，笑的魅力不只如此，它还会给你带来好运哦！

## 把注意力转移到更重要的事情上

当所有人都在谈笑风生时，只有一个十岁左右的小女演员一个人坐在板凳上，看着台词本一言不发。

陈小皮觉得奇怪，便俯下身子凑过去看：“喂，你一个人坐在这里，不觉得无聊吗？”谁知小女演员完完全全忽略了陈小皮的存在，依旧不声不响地低着头，好像在思考事情。陈小皮加大了音量，“难道可乐你也不喝吗？”

这一次，小女演员总算是有了反应，只见她缓缓抬起头，犹犹豫豫地看陈小皮，错愕地说了一句：“你是谁？”

“我？”陈小皮哭笑不得地用手指向自己的鼻子，“拜托，我来这里已经有足足十分钟了，你不会一直把我当作透明人吧？”

“对不起，对不起，”小女演员急忙道歉，“都怪我太专注了，完全没有意识到这里来了别人。”

“所以，你究竟在做什么？”陈小皮拿过小演员的台词本，只见短短几句台词上，全部都是用红色水性笔做的标注，乍看之下乱七八糟的，令人头昏眼花。

“我……我想把台词背好，所以……”小演员欲言又止，最后尴尬地一笑，“是不是看起来有些可笑？”

“不，一点儿都不可笑，相反，我有点儿佩服你。”陈小皮发自内心地道。

“佩服我？”小演员诧异地眨眨眼，有些摸不着头脑，“可是，我并没有做什么了不起的事情。”

“我佩服你，是因为你有超强的自控力，你可以专注地做一件事件，不受外界的干扰，但是我就不同了，我完完全全没有办法让自己安静下来，认认真真只做一件事情。”说着，陈小皮无奈地耸耸肩，“我从小就这样。”

“那可能是因为你并没有把你当下做的事情看得太重要吧。”小女演员想了想，回答道，“你可以尝试着告诉自己，当下做的事情是最重要的，自己必须要全神贯注地去完成，这样的话，可以提高做事的效率哦！”

“你的意思是……自我催眠？”陈小皮虎头虎脑地说了一句。

“呃……算是吧，”小女演员一笑，两只眼睛眯成了一条缝，非常可爱，“如果别人帮不了你，那你只能自己帮自己，自己监督自己，自己引导自己，只有把每一件小事当作最重要的事情来做，才会事半功倍。”

陈小皮觉得小演员说得有道理，便认同地点点头：“你说得对，我就是做事三心二意，才会总是这也做不好，那也做不好。下一次，我一定向你学习，专注地做一件事情，并把那件事情当作最重要的事情来做，这样一来，我也可以做到全神贯注了。”

与此同时，初晴小心翼翼地凑到了陈小皮的身后，她壮着胆子道：“你们在聊什么呢？”

“我们在聊如何‘自我催眠’。”陈小皮和小演员相视一笑，心领神会、异口同声地说。

“自我催眠？”这下子换初晴摸不着头脑了，“什么意思？你们在聊‘梦游’，那可是很可怕的一件事情……”

“和‘梦游’相差十万八千里，我们在聊如何专注地做一件重要的事情。”见初晴皱着眉头，陈小皮没有再卖关子，“我要向她学习，认真地对待每一件小事，并把每一件小事当作最重要的事情来做。”

“原来这就是你说的‘自我催眠’，”初晴恍然大悟，“那我也要向你们学习，我平时总是喜欢胡思乱想，做起事情来三分钟热度，所以总是没有办法专注。”说着，她指了指自己绑的头绳，“你们看，我就是因为先绑了一边，又想起有其他的事情要忙，忙完后顺手绑了另外一边，所以才导致两边头绳的颜色不一样。”

“所以，你的问题出现在做事不分轻重缓急。”小女演员像个小大人，说起话来一板一眼，“你要分清楚主次，先做什么，后做什么，重要的事情先做，次要的事情后做，并且保证完成一件事情后，再去做另外一件事情，而不是忙东忙西，最终把两边的事情都搞得一团糟，得不偿失。”

小女演员说得头头是道，陈小皮和初晴听得一愣一愣的，随后，初晴问道：“还有吗？”

“还有，还要尽可能地避免琐事，”小演员补充道，“比如在写作业的时候，如果有人在窗口大喊大叫，那么最好是关上窗户，拉上隔音窗帘，而不是凑上前去看热闹。只有这样，才不会耽误写作业，毕竟和凑热闹相比，写作业更重要。”小演员看了看陈小皮和初晴，补充说，“这一点至关重要。”

“这对我来说有点儿困难……”陈小皮挠挠头，“我平时最喜欢凑热闹了，就连邻居下棋我都喜欢凑过去看，因为这件事，我妈妈都教训我好几次了，可是我还是改不了。”

“所以，你要试图自己说服自己，”小演员伸出一根手指，说教的姿态像是一个小老师，“你要学会把无关的琐事从自己的眼前清空，当它们没有那么重要。这样一来，你就不会因为乱七八糟的小事分散注意力了。”

“我大概明白你的意思了，你的意思是只专注当下最重要的事情，其他的琐事都置之不理。”初晴心领神会，只是不自信的她禁不住又问了一句，“我理解得正确吗？”

“没错，”小演员笑了，“避免琐事最好的处理方法就是置之不理，而不是纠缠不清，否则，宝贵的时间会不知不觉地从你的身边溜走，你的好心情也会一扫而空，最终，就只能悔不当初了。”

是的，把小的事情当作重要的事情来做，同时避免和琐事纠缠不休，这将大大提高一个人的做事效率，时间也会因此而更有意义。小女演员的经验之谈让陈小皮和初晴受益匪浅，也相信在未来，他们也能明白其中的道理，能够更专注地做事。

## 耐得住寂寞，才能看到仙人掌开花

从拍摄基地走出来的时候，已经日照当空了。夏秋用手遮住太阳，转过身对着徐若灵道：“刚刚小演员们告诉我，前面有一大片仙人掌园，现在都已经开花了，如果不去看一看，那就枉来一次了。”

“仙人掌还会开花？”陈小皮边插嘴，边将矿泉水瓶丢到了垃圾桶里，“别开玩笑了，我们家那盆仙人掌，养了两年也没有开花，都快‘死翘翘’了。”

“你养的仙人掌不开花，并不代表别人养的仙人掌也不开花。”夏秋说着，拉起徐若灵和初晴的手，“走吧！是不是真的，我们去一探究竟就知道了！”

当下，阳光肆无忌惮地洒落在玫瑰谷的每一个角落里。顺着石子小路往里走，果然有一大片造型迥异的仙人掌，它们或像是一只只刺猬一样蜷缩着身体，或像是稻草人一样高耸于阳光下，一切都很原生态，仿佛眼前的一切是沙漠中的景象。

初晴第一个发现了开花的仙人掌，她惊奇地指着仙人掌上不起眼的白色小花，对着陈小皮道：“你看！你看！事实胜于雄辩！”

“还、还真是……”陈小皮揉了揉眼睛，生怕自己出现了幻觉。随后，他又在仙人掌园中找到了长满红色和黄色花朵的仙人掌，事实摆在眼前，他才肯相信，仙人掌真的会开花。

徐若灵得意地晃着头：“夏秋说得没错，你养的仙人掌不开花，不代表别人养的仙人掌也不开花。你这个人，就是太自大了。”

“这和自大有什么关系？”自知理亏的陈小皮撇撇嘴，只是他心中依旧有个困惑——为什么同样是仙人掌，他从来都没有看过自家的仙人掌开花，但是这里的仙人掌却密密麻麻地开满了花，难道真的和“人”有关吗？

与此同时，玫瑰谷的园艺人员正背着洒水器朝着陈小皮的方向走来，他见陈小皮一行人正在欣赏仙人掌，便滔滔不绝地介绍起来：“仙人掌是仙人掌科植物，它主要分布在西南、华南以及浙江、江西等地，它可以当作药材，有凉血解毒、活血消肿的功效哦！”

“这些我都知道，我家里也种了一盆仙人掌，只不过……”陈小皮不知道应不应该开口，“只是我们家的仙人掌，它不会开花。”

“仙人掌是可以开花的植物种类，”园艺人员想了想道，“但是需要岁月的沉淀和精心的照料，因为仙人掌开花需要的时间较长，大多需要养殖三到五年才会开花。如果养护不当，没有给它充足的养分和阳光，它会停止生长，当然也不会开花了。”

“三到五年？”陈小皮倒吸了一口凉气，“那我岂不是还要再等一年，才能看到我家的仙人掌开花？”

“三到五年，是仙人掌正常的开花周期，但也有的品种要二十多年才开花，比如说金琥。我到现在也没有看到过金琥开花，但我相信，它总有一天会开花的。”说着，园艺人员启动了喷水机关，“好了，我现在要给仙人掌浇水了，但你要记住，仙人掌喜光耐旱，千万不要让它的土壤积水哦！”

回去的路上，只听陈小皮一直喃喃着：“太难了……太难了……”

“什么太难了？”徐若灵探过头，禁不住问道。

“让仙人掌开花，”陈小皮深叹一口气，“我要等上三到五年才能看到仙人掌开花，如果照顾不当，甚至要等上十年、二十年，我恐怕一辈子都看不到自己的仙人掌开花了……”说完这句话，他深深地叹了一口气，以表示自己的无奈。

夏秋安慰道：“你要耐得住寂寞，这是岁月给你的考验。如果仙人掌那么容易开花，那么它开的花也没有那么稀奇了，不是吗？”

“说得好像有些道理。”陈小皮顿了顿，“那我还是耐心地等一等吧，说不定，我们家的仙人掌明年就开花了。”

“说不定，你的仙人掌在你回去的时候就开花了呢！”夏秋挑挑眉，望向窗外，“所以，在等待仙人掌开花的这段日子里，你一定要有耐心哦！”

“好吧，也只能这么办了。”陈小皮点点头，脸上的浮躁也渐渐消失不见。

回程的路上，早起的同学们都已经陷入了沉睡，往日喧闹的大巴车也难得安静了一回。就在陈小皮也感到困意来袭，准备小憩一会儿的时候，手机的震动声传入耳朵，下意识地，他摸向自己的口袋，却发现并不是自己的手机在响。

与此同时，夏秋从背包里拿出了手机，不知道是不是看到了什么喜事，她用手捂住嘴巴，忍不住偷笑起来。陈小皮好奇地问道：“什么好事，分享出来也让我笑一下。”

“是市作协的通知，”夏秋放下手机，却止不住脸上的笑意，“我等了十个月，终于等到了入协通知，现在，我是市作协中的一员了。”

“你这么厉害？”陈小皮惊讶地张大了嘴巴，“我的身边，还没有加入市作协的人呢！”

“如果那么容易就加入了，我也不至于努力那么久了。”夏秋回忆道，“为了加入市作协，我积极向各个杂志投稿，但成人杂志社的要求太高了，我的经验和文采都不够，没有办法，我只能向青少年杂志社投稿，投了十几次，才成功了一次，这才提交了申请加入市作协的资料，从提交的那一天到今天，我已经等了十个月了。”

“十个月……”陈小皮掰了掰手指头，“这也太夸张了……”

“这算什么，刚刚那个园艺人员为了等待金琥开花，不是甘愿等上二十年吗？”夏秋顿了顿，“事实证明，人只有耐得住寂寞，才能苦尽甘来。你看，我用十个月的耐心等待，换来了一个好消息，这不就是最好的证明吗？”

人只有耐得住寂寞，才能苦尽甘来，这句话深深地印在了陈小皮的脑海中。不知道为什么，这一刻，他竟有些豁然开朗，那些原本固执的想法，也随之产生了微妙的转变。看来，成长属于每一个瞬间，就像是仙人掌一样，它扎根在泥土里，不动声色地吸收着养分，只要向阳生长，总有一天会开出花来。

## 拜托！傻瓜才会用别人的错误惩罚自己

回到温泉山庄的时候，刚好是午餐时间。这一次，小雨老师带领大家吃了海鲜自助餐。海鲜新鲜味美，色香味俱佳，饿了一上午的同学们个个狼吞虎咽，只是没有人想到，竟有人在这么优雅的环境中做出了一件不文明的事。

不知道是有意还是无意，有人竟把口香糖吐到了地砖上，而初晴偏偏“倒霉附体”，不偏不斜地踩了上去，以至于此时此刻，她一个人闷闷不乐地坐在座位上，正用餐巾纸想方设法地把黏在鞋底的口香糖擦下来。

“真恶心……”刚巧路过的陈小皮禁不住说，但话刚说出口，他就意识到了气氛不对劲，于是急忙解释道，“我说的是那个在公共场所乱吐口香糖的人，一点儿都不文明，真恶心。”

“谁让我倒霉呢……”初晴喃喃着，深叹一口气，“我虽然常常倒霉，但是踩到口香糖，这还是大姑娘上花轿——头一次。”

“别开玩笑了，哪有人常常倒霉，只不过是你不小心，运气差了一点儿而已，”说着，陈小皮爽朗地一笑，“大不了换一双鞋子，就像是我换裤子一样，不至于因为这件小事情影响心情。”

“可是，我真的很倒霉。”初晴抬起头，眼睛竟然红了一圈，“就比如这几天发生的事情，只有我一个人买到了过期的面包，我的保温杯也莫名其妙地摔坏了，还有，我昨天竟然踩翻了井盖，差点儿掉到下水道里……”说到这儿，初晴看着陈小皮，“你还记得我们在水上乐园发生的事情吗？当我好不容易鼓起勇气坐上了滑道，天上竟然电闪雷鸣，所有人都在避雨，只有我一个人被困在滑道口，上也上不去，下也下不来……”

说到这儿，陈小皮也觉得初晴的确够倒霉。只是他知道，现在不是添油加醋的时候，于是，他劝慰道：“你的运气确实有些不太好，但那都不是你的错，你用不着放在心上。”

“可是，这些小事累积在一起，已经在无形中给我造成了很大的困扰。”初晴边说，边把餐巾纸扔到了垃圾桶里，“口香糖擦不干净，现在我走路只能一瘸一拐的，不然，我鞋底上的口香糖会粘到更多的地方。”

初晴的话音刚落，不远处就发出了轰隆一声巨响，见摔倒在地面上的不是别人，正是他们的好朋友洪书烨。这时，陈小皮一个箭步冲了上去，一把抓住了“肇事者”，对着他道：“我亲眼看到是你把他撞倒的，你不道歉就想走，没门！”

没错，洪书烨之所以不小心跌倒，就是因为眼前这个毛手毛脚的小男孩，如果不是他忽然从门口冲进来，事情就不会发生。只是这个小男孩似乎没有认错的态度，他高傲地抬起头，一脸的不屑：“你是谁，凭什么多管闲事？”

如果是以往，陈小皮早就一拳头砸上去，用暴力解决问题了，但是当下自助餐厅里那么多人，还有女孩子站在旁边看着，他难得耐着性子道：“不管我是谁，你都要对你的行为负责，快道歉！”

可男孩就是不道歉，不但如此，他还铆足了力气甩开陈小皮的手，逃之夭夭了。陈小皮第一反应是追上去，可就在关键时刻，一双手猛地将他拉住，“算了吧，”说话的是洪书烨，“我没事的。”

“可是你摔倒了，”陈小皮注意到他碎了的眼镜，“你的眼镜也坏掉了。”

“没关系，反正我也打算在新学期换一副新的眼镜，”洪书烨倒是想得开，像个没事人一样拍了拍衣袖上的灰尘，重复了一句，“没事的，这只是个小小的意外，不用放在心上。”

“真是的……”陈小皮有些想不通，“洪书烨，你为什么总是委曲求全，受害者明明是你，你却唯唯诺诺的像是肇事者！”

洪书烨一字一句地道：“你搞错了，这不是委曲求全，也不是唯唯诺诺，而是我不希望用他人的错误来惩罚自己，如果因为这点儿小事影响了一整天的好心情，那岂不是太不值得了？”

洪书烨的口吻不瘟不火，但让陈小皮止住了抱怨。是的，因无关紧要的小事生气，不就是拿别人的错误惩罚自己吗？他刚刚还在用这个道理安慰初晴，为什么当自己遇到了事情时，就不能泰然处之了呢？想到这里，陈小皮尴尬地吐了吐舌头：“你说得对，是我太冲动了。”

洪书烨笑着拍了拍陈小皮的肩：“走吧，时间到了，要集合了！”

与此同时，一直站在一旁默默注视着这一切的初晴陷入了沉思，同样是遇见了意外，洪书烨却可以坦然地接受现实，及时调整自己的心境，而她却总是因为一些小事而困惑，这样看来，她真的是太幼稚了。

没错，不要因为意外而伤神，否则，那就是用他人的错误惩罚自己，洪书烨正是明白了这个道理，才能练就处事不惊的态度。此时此刻，他就像是一个大人一样，尽管眼镜裂开了一条缝隙，还能和同学们谈笑自若。

看来，在很多时候，心态真的能够对人生有很大的影响。

# 第五章
# 做好情绪管理，态度是 No.1

## 换个角度看问题，惊喜就在一瞬间

田甜这些日子消停了不少，终于不再处处和陈小皮对着干了，反而一个名叫江景川的男生引起了她的反感。说也奇怪，这个江景川不知从何时开始，屡次试探田甜的底线，不是故意踩她的裙摆，就是趁她不备拽她的头发，让田甜非常苦恼。

这天下午，小雨老师难得宣布了自由活动。田甜为了躲避江景川，一个人跑到花园里放风筝。可是不出一会儿，这个江景川又出现了。他见田甜只有一个人，便捡起石头朝着风筝的方向扔去，使得田甜好不容易放起的风筝又掉了下来。

“喂！”田甜顿时火冒三丈，“江景川，我和你有仇吗？”

“没有！”江景川嬉皮笑脸地做了一个鬼脸，“我就是喜欢看你生气的样子，你能拿我怎么办？”

“你！你莫名其妙！”说罢，田甜干脆拎着风筝气鼓鼓地走掉了。她心里想着，本小姐惹不起，还躲不起吗？可是她没有想到，这个江景川竟然一路跟她到了房间门口，站在她的房门前不走了。

夏秋和徐若灵恰巧路过这里，夏秋敲敲门，想要邀请田甜一同去喝下午茶。殊不知，还以为是江景川在捣乱的田甜对着门口就是一声怒吼：“滚开！我警告你不要再惹我！”

滚开？

夏秋和徐若灵面面相觑，吓得一身汗毛都立了起来。愣了几秒钟，夏秋再一次抬起手轻轻敲了敲房门，接着小心翼翼地道：“田甜，是我，我是夏秋。”

“夏、夏秋？”田甜一愣，问道，“江景川在门口吗？”

“他走了。”夏秋向左右看了看，“只有我和徐若灵，你要出来吗？”

田甜将房门打开了一条缝隙，见门口果然只有夏秋和徐若灵两个人，这才如释重负地松了一口气，嘟囔道：“那个江景川，我真是怕了他了，简直是阴魂不散，我走到哪儿，他就跟到哪儿。”

“他最近确实总是跟着你，有些反常……”徐若灵想了想，开了一个玩笑，“他该不会是喜欢你，想要和你表白吧？这叫……”

“欲擒故纵！”心有灵犀的夏秋挑挑眉，嘿嘿一笑，“有可能哦！”

“怎、怎么可能！别胡说八道！”田甜一着急，脸都红了一大片。她用手指了指自己的头，咬牙切齿地道，“他说，他就是喜欢看我生气的样子，依我看，他是这儿进了水，莫名其妙！”

为了打发时间，夏秋、徐若灵和田甜一同到来了山庄主人开设的“茶艺书屋”，这里有上好的龙井茶，还有很多书。几个人只需沏一壶茶，就可以窝在沙发里懒洋洋地待一下午。见陈小皮和初晴早已等候多时，田甜停下了步子：“是你？你怎么也在这儿？”

“这句话应该是我问你吧？”陈小皮知道田甜针对的是他，便主动开口，“这一次，座位是我先占的。”

“我、我又不是来和你抢座位的。”说着，田甜坐到了初晴的身边，故作傲娇地抬起脸，“我是来喝茶、看书、聊天的。”她还不忘补充一句：“是夏秋和徐若灵邀请我的，不信你可以问她们。”

“无知，是我邀请的夏秋和徐若灵，”似乎是觉得这样斗嘴很无趣，陈小皮清清喉咙，转移了话题，“刚刚江景川来过这里，还问我你下午的行踪，你们之间究竟什么仇什么怨？”

“我和他？”一提起这个江景川，田甜就一肚子无名火，“如果他再惹我，我一定揍他一顿，让他知道我拳头的厉害！”没想到说曹操，曹操到，田甜的话音刚落，江景川就找上门来了，不但如此，他还坐到了田甜的对面，此情此景着实有些尴尬。

“你好，我们又见面了！”不顾所有人诧异的目光，江景川冲着田甜打了声招呼。

“我，不，好！”田甜咬紧牙关，一字一顿地挤出三个字。与此同时，她握拳头的手也止不住地颤抖，“江景川，我再一次警告你，如果你再不离开这里，我就让你尝尝我拳头的厉害！”

此情此景，像极了火山爆发前的场面，可是，这个江景川依旧是一副“你能拿我怎样”的嘴脸。“这里又不是你家，”他眉梢轻挑，没有一丝的惧怕，“你能坐在这里，凭什么我不能？你也太霸道了！”

“你这叫强词夺理！”田甜加大了音量，全然不顾这里是公共场合，“你这个‘讨厌鬼’，分明是故意的！”

“我就是故意的，怎么着？”

江景川说罢，还做了一个鬼脸，气得田甜牙根直痒痒。终于，她再也无法控制自己的理智，只听嗖的一声，她猛地站起，以迅雷不及掩耳之势朝着江景川就是一拳，还好江景川反应灵敏，躲了过去，不然后果不堪设想。

见事态愈演愈烈，陈小皮干脆一把把江景川拉到了一边，与此同时，夏秋也拉着田甜离开了座位。“冷静一点儿，”夏秋压低了声音对着田甜道，“这里是公共场合，禁止喧哗打闹。”

“你都看见了！”田甜喘着粗气，一脸的委屈，“这不怪我，是那个不知好歹的江景川先惹我的！”

“他确实有点儿过分了……”夏秋用手杵着下巴，分析道，“只不过我总觉得哪里不对劲，如果他和你之间没有恩怨，为什么会处处针对你呢？事情都有两面，我想，他这么做，一定有他的理由。”

“我跟他根本就没有交集，他是无理取闹。他说，他喜欢看我生气的样子。”田甜极力控制着自己的情绪，“我已经受够了！我要告诉小雨老师！”

“这种借口你也信？他又不是小孩子，”夏秋的口吻倒是很平静，“先别急，陈小皮会帮你问清楚的。”说着，她冲着走过来的陈小皮招招手：“你问清楚了吗？他为什么总是针对田甜？”

“问清楚了，他说……”陈小皮顿了顿，看起来有些为难。

见陈小皮吞吞吐吐没有了下文，夏秋也跟着着急：“他是不是喜欢田甜，为了故意接近她才这么做的？”

“不是，”陈小皮摇摇头，深吸了一口气，似乎要宣布一个大秘密，“他说，田甜是他七年没有见面的表妹，他们是亲戚。”

亲戚？

此言一出，犹如晴天霹雳，让夏秋和田甜同时目瞪口呆，“他、他是你表哥？”夏秋转头看向愣在原地的田甜，“真的假的？你不知道？”

“啊？”当愤怒被不可思议所取代，田甜竟然忘记了自己是受害者，说起话来完全没有了刚刚的霸气，反而像做错了事一样唯唯诺诺，“我……我的确有一个表哥，只不过，他在国外，我们小时候只见过几次面，他来我家玩过。”

“你的表哥叫什么名字？”陈小皮提示道。

“忘记了，我只记得，他姓江……”回忆到这儿，田甜猛然间大脑一片空白，“江景川？小川哥哥？”她深吸了一口气，慌乱地看向陈小皮，“他、他真是我的表哥？”

“你问我？”陈小皮不知应该哭，还是应该笑，最后干脆把躲在一旁的江景川拉到了跟前，“既然秘密已经公开了，你还是‘坦白从宽’吧！免得她发起火来，六亲不认！”

“我……”江景川换下了他那嚣张的面孔，像是变了一个人，“我刚从美国回来，听说你报名参加了夏令营，于是也偷偷报了名，想给你一个惊喜，可是……可是你竟然没有认出我，所以我才……”说到这儿，江景川猛地一低头，“对不起。”

“你真的是小川哥哥……”出乎意料的惊喜，让田甜一瞬间有些热泪盈眶，“你从美国回来，为什么瞒着我？不告诉我？前些日子，我还和妈妈提到你呢，她并没有说你要回来。”

“对不起，”江景川再次道歉，“我不应该用这种方式捉弄你，我没有考虑到你的感受，真是抱歉。”

“我也有不对的地方，”田甜难得没有推卸责任，“我没有搞清楚事情的原因，就不分青红皂白地打了你一拳，还好你躲得及时，不然的话……”她欲言又止，最后干脆尴尬地笑了一声，“好在你没事。”

是啊，好在都是一场误会，在好朋友的帮助下，事情就这么轻而易举地解决了。

对于江景川来说，他正是因为不懂得站在对方的角度思考问题，才给田甜造成了不必要的困扰。而对于田甜来说，即便作为受害者，也要学会冷静地思考和处理问题。毕竟世事无绝对，思绪在某些时候只需要转一个弯，结局就会变得与众不同。

看来，事情都有两面，很多时候，换个角度看问题，惊喜就会发生在一瞬间。

## 拿出你的热情，生命才富有意义

江景川小小年纪就随父母在美国生活，他的经历让他霎时成为“话题人物”，尤其是一看到英语就头疼的陈小皮，他简直无法想象，一个完全不懂英语的人在美国的生活是什么样的。

江景川说：“起初的时候，我也非常头疼，因为我发现去美国之后的生活和我想象中完全不一样，饮食不一样，文化不一样，就连语言也不一样，我没有办法和他们沟通，他们也没有办法和我交流。我只能比画，像一只猴子一样滑稽。”

“我能够理解你的痛苦。”陈小皮想到了前不久在自家楼下遇见两个金发碧眼的外国人，他们一脸诚恳地向陈小皮问路，可是陈小皮连说带比画，也没有把他想要表达的意思传达给对方，最终只能耸耸肩，说了一句“sorry”。

“可是我的家人不理解我的痛苦，”江景川接着道，“那个时候，我的妈妈和我说，我们邻居吴奶奶也是中国人，她都七十岁了，还在努力学习英语，而我才七岁，为什么不能克服困难，学习英语呢？”

听到这儿，田甜还以为自己是在听故事：“七十岁了还在学习英语，该不会是骗你的吧？”

“我起初的想法和你一样，可是为了激励我，我的妈妈还专程带我去见了吴奶奶。吴奶奶是四川人，最爱的就是火锅，她热情地招待了我，还拿出从中国邮寄过来的火锅底料，我们几个人围在一起吃了一顿火锅。”说到这儿，江景川露出了笑容，“吴奶奶真的是一位非常亲切，非常努力的奶奶。”

“所以，吴奶奶真的在学习英语？”陈小皮又问。

“是的。”江景川点点头，接着伸出了一个手掌，对着陈小皮道，“吴奶奶有一个这么大的小本子，里面密密麻麻的都是她记录的英语单词。她记不住发音，就用汉字来代替，比如‘苹果’，她标注的就是‘爱跑’，‘树’就用‘吹’来代替。”

“apple，tree……”，徐若灵喃喃自语，“这倒是一个不错的记忆方法。”

江景川接着道：“除此之外，吴奶奶还对我说，Give every day the chance to become the most beautiful day of your life. 我当时不明白这句话的意思，但是后来我明白了，而且受益匪浅。”

“什、什么意思？”陈小皮眨眨眼，一头雾水。

一直没有说话的夏秋翻译道：“这句话的意思是说，让每一天都有机会成为你人生中最美好的一天。我想，吴奶奶想要表达的是生活中要充满热情，要认真地对待每一件事情吧！”

“没错，”江景川用钦佩的目光看着夏秋，“我花了很多年才明白了这个道理，可是你一听就明白了，不愧是队长。”

“那是因为，我的老师也和我说过同样的话，”夏秋一本正经地回答道，“当时，我非常讨厌参加英语补习班，我甚至不知道学习英语的意义是什么。后来，我的老师告诉我，无论做任何事情，都要充满热情，只有富有热情，你所做的一切才会富有意义。于是，我尝试着用心去学习英语，去听英文歌曲。我发现英语其实没有我想象中那么难，也比我想象中更加有趣。直到我可以自如地和外国人用英语进行对话，我才庆幸自己听从了老师给我的忠告。”

“无论做任何事情，都要充满热情，只有富有热情，你所做的一切才会富有意义……”陈小皮重复着这句话，“哪怕是对待自己最不喜欢的事情，也是如此吗？”

“当然了，我和夏秋就是最好的证明，”江景川回答说，“我们正是因为明白了这个道理，所以才克服了困难，找到了学习英语的意义，就像是书上写的那句话一样——Passion is a wonderful feeling, it is the origin of all joy and happiness, no matter what happens in the world , it can not stop her power. 热情是一种奇妙的感觉，是一切快乐和幸福的起点，无论外界发生了什么，都阻挡不了它的力量。”

没错，热情是一种说不清道不明的感觉，只要你在某一件事情上注入热情，再困难的事情也会变得简单，相反，当一个人对生活失去了热情，就会失去生命的乐趣和意义，最终活得一塌糊涂。

当天晚上，陈小皮躺在床上翻来覆去怎么也睡不着，无奈之下，他干脆坐起身，对着依旧在床头灯下看《成语故事》的洪书烨道：“‘书呆子’，我问你，热情真的可以改变一切吗？”

“什么？”洪书烨转过头，还以为自己出现了幻听。

“我是说，热情真的会改变一切吗？”陈小皮重复了一遍，等待着洪书烨的下文。

洪书烨嗯了一声，用手摸着下巴想了想说：“热情真的会改变一切吗？我觉得是的，因为我对阅读充满了热情，所以我才能感受到书中的世界，才觉得阅读富有意义。”

“所以，我对阅读提不起兴趣，是因为我没有注入热情？”陈小皮又问。

“也可以这么理解，”洪书烨点点头，“下一次，你尝试着去接受，并且积极地去做你不喜欢的事情，说不定，会有奇迹发生哦！”

陈小皮不知道洪书烨所说的“奇迹”是何物，但是他却隐隐感觉到了一种神奇的魔力，那是从灵魂深处迸发出的力量，仿佛在和他说：“你好，我亲爱的朋友，因为我，你会更加热爱这个世界。”

## 给自己一些奖励，也别忘了给自己一些惩罚

初晴在腰间挂上了一个红色的小腰包，这天在恐龙乐园里，陈小皮终于按捺不住好奇心，凑到了初晴的跟前问道：“喂！你的腰包里究竟装着什么？难道是传说中不能离身的宝物？”

“你是玄幻电影看多了吧？”初晴哭笑不得地拉开了腰包的拉链，“你看，只是一些再普通不过的糖果而已，根本就没有你说的那么神奇。”

此时的陈小皮更是一头雾水了：“既然只是普普通通的糖果，你为什么要特别装在腰包里，挂在腰上？难道，你又胡思乱想了，怕小偷把你的糖果偷走了不成？”

“这……”说到这儿，初晴竟觉得有些不好意思，“其实，都是徐若灵出的主意，她给我制定了一个目标，还设置了奖励和惩罚机制。她给我定的目标是，每天要和陌生人说十句话。如果完成了目标，每天就可以吃掉一颗糖果，如果没有完成，就要把腰包中一半的糖果送给陌生人，我觉得把糖果送给陌生人，这是一件难以办到的事情，所以，从今天开始，我一定要鼓起勇气和陌生人说话。”

“原来是这么一回事。”陈小皮若有所思地点点头，“其实，每天和陌生人说话，是一件再简单并且再自然不过的事情了，没有你想象中那么难。”

“可是对我来却是一个不小的挑战。”初晴坦白道，“你还记得第一次和我说话时的样子吗？当时我害怕极了，我是硬着头皮和你沟通的。”

“也是，毕竟人和人的性格不一样。”说着，陈小皮指了指前方的工作人员，出谋划策，“刚好我们不知道路，现在，你完成任务的机会到了。”

“你……你是让我去问路？”初晴瞬间慌了神，“我不知道应该怎么开口。”

“很简单，你就说，‘您好，请问您知道一号馆在哪边吗？’”说罢，陈小皮做了一个“加油”的手势，“你看，多简单的一句话，连小孩子都会说。”

在陈小皮的鼓励下，初晴鼓起勇气，故作镇定地走上前，对着工作人员道：“您好，请问您知道一号馆在哪边吗？”工作人员听后，很热情地为初晴指了路，还送给她一张恐龙乐园的地图，初晴礼貌地说了一句“谢谢”，这才如释重负地跑到了陈小皮的身边，对着他道：“我刚刚和工作人员说了两句话！”

“很好，”陈小皮欣慰地点点头，“那么接下来，你要尝试着突破自己，和陌生人说上三句话。”说着，一个孤零零地徘徊在原地的小男孩引起了他们的注意，陈小皮对着初晴道：“那个小男孩可能和父母走散了，我想，他需要你的帮助。”

事不宜迟，尽管心里七上八下的，初晴还是硬着头皮蹲下身子。“你好？”她轻轻地唤了一声，“你的家人呢？”

谁知小男孩一听到“家人”这个词，哇的一声哭出声来，不知道的，还以为是初晴欺负他了呢！初晴见状掏出了口袋中的糖果，轻声道：“别着急，我知道你的妈妈在哪里，要不，我带你去找她？”

不知是不是因为看到了糖果，小男孩止住了哭泣，还主动牵住了初晴的手，这让初晴更加慌乱了。无奈之下，她用求助的目光看向陈小皮：“现在我们该怎么办，难不成真的带着他找妈妈吧？我们又不知道他妈妈长什么样子。”

“我们可以求助工作人员。”说着，陈小皮带着小男孩来到了工作人员面前，见初晴扭扭捏捏地不知道如何开口，他率先道：“您好，这个小男孩和他的家人走散了，您可以帮忙通知广播室，帮助他寻找他的家人吗？”

“是你们发现的？”工作人员一脸惊奇地看着眼前的少年少女，“刚刚确实有一位女士来找她的孩子，她还给我留了电话。”说着，工作人员把电话号码递给了初晴，“你们要不要自己联系他的家人？”

“我们？”初晴有些犹豫，“还、还是不要吧……”

谁知陈小皮一把拿过了电话号码，对着初晴道：“别犹豫了，这电话你打也得打，不打也得打，难道你忘记和徐若灵之间的约定了吗？”

“我……”初晴有些犹豫，要知道，让她和陌生人简单对话，已经算是在挑战她的心理极限了，如今，又让她和陌生人通电话，这不是逼着她去做不可能完成的任务吗？想到这儿，她果断地摇摇头，“不行、我不行。”

可陈小皮并不吃这一套，就在初晴犹豫的期间，他已经拨通了对方的电话号码，并将手机塞到了初晴的手里。而他自己呢？却做出了一副“你看着办”的表情，让初晴不知如何是好，好在电话接通的瞬间，初晴虽然紧张，但还是对着电话那头的陌生人说明了来电的原因，直至按下结束键，她才气鼓鼓地看向陈小皮，脱口而出一句：“陈小皮，你害死我了！”

“我是在帮你。”说着，陈小皮伸出了九根手指头，“你刚刚一共在电话里说了九句话，恭喜你，目标达成了。”

“我……我有说这么多话？”初晴顿了顿，“就这么简单？”

“就这么简单，”陈小皮点点头，并指向初晴的红色腰包，“现在，你可以品尝胜利的果实了！”

可见，人在很多时候，给自己制定一个小小的目标，并给予自己小小的奖励和惩罚，的确有助于提高完成目标的积极性。对于初晴来说，一颗糖果虽然小，但那是她成长的见证，是这个世界上最宝贵的宝物。

## 有开心的时刻，也有不开心的时刻

夏秋在所有人的印象中，都是一个可以交心的知心姐姐。她虽然年纪不大，但是懂的道理却不少，最重要的是，她可以学以致用，并且还会热心地帮助他人，所以，她的人缘向来很好。

但是今天却不知道怎么了，得知集体要去玩卡丁车时，她竟然一句话不说，脸上也没有笑容。初晴是第一个察觉到夏秋不对劲儿的，她把徐若灵拉到一边，小声地问道：“夏秋她没事吧？”

“夏秋？”向来大大咧咧、不拘小节的徐若灵完全没有察觉到异常，当她发现此时此刻，夏秋正一个人郁郁寡欢地坐在行李箱上一言不发时，这才若有所思地道，“好像是有些不对劲，平时小雨老师在嘱咐活动事项时，她都是站在最前面。”

与此同时，小雨老师对着夏秋道：“夏秋，不要忘记把参加活动的名单整理好给我。”可是夏秋完全没有听到，她只顾着低头想自己的事情。随后，小雨老师又唤了一声：“夏秋！

你没事吧？”

“啊？”夏秋这才缓过神来，“啊，好！”她敷衍着回答，之后就没有了下文。

徐若灵自言自语道：“她的神情有点儿恍惚，仿佛藏着心事……”

“她的眉头也是紧蹙的，应该是遇到了什么大事……”初晴补充着，出于关心，她犹豫着走上前，小心翼翼地开口，“夏秋，徐若灵给我布置的目标我完成了。”见夏秋依旧低着头，她这才开门见山，直奔主题：“你是遇到什么事情了吗？”

“啊？”夏秋抬起眼，看起来有些疲惫。尽管如此，她还是挤出了一丝苦笑，“我没事。”

“你是没有睡好吗？”徐若灵也一脸担忧地凑了过来，“要不，今天你在大巴车上休息吧，卡丁车这么刺激的项目，我担心你吃不消。”

“没事，不用担心我。”夏秋摇摇头，但是她依旧没有办法掩饰她低落的情绪，明眼人一看就知道，她在说谎。

“你骗人。”不知从何时开始，陈小皮也注意到了夏秋的异常，“你的眼睛是红的，说话的声音还有些哽咽，还有，你的口袋里装着用过的餐巾纸，刚刚又在早餐时消失了一段时间，综上所述，你偷偷躲在某个地方哭过了。”

陈小皮说得头头是道，让小伙伴们惊讶的同时，也让夏秋无法反驳。似乎是意识到瞒不过大家了，夏秋先是顿了顿，紧接着深吸一口气道：“我们家的吞吞……走丢了。”

“吞吞？”陈小皮和初晴异口同声地说。

“吞吞是夏秋养的宠物狗，是一只非常可爱的蝴蝶犬。”徐若灵解释道，她大为不解地看向夏秋，“这么重要的事情，你为什么不和我们说呢？”

“我……我怕影响你们的心情，而且……而且你们也没有办法帮我解决问题……”说到这儿，夏秋的情绪有些激动，不知不觉中，一滴眼泪又顺着她的眼角滑落下来，只是被她在第一时间抹掉了。

此情此景，着实令人心疼。陈小皮禁不住道：“就算我们没有办法帮你解决问题，我们也可以成为你的‘树洞’，帮你分担烦恼，你为什么要躲起来一个人闷闷不乐呢？”说着，陈小皮似乎想到了什么，“洪书烨不是你的邻居吗？他的家人一定见过你的蝴蝶犬吧？”

“我们两家人经常一起遛狗。”夏秋回答道。

“这就好办了！”陈小皮打了个响指，“我现在就去找洪书烨帮忙。”说着，他一溜烟儿地跑远了。

在陈小皮的提示下，徐若灵后知后觉地拍拍手：“我的弟弟刚好在家，我现在就打电话给他，让他出门去帮你找吞吞。”

陈小皮和徐若灵出乎意料的举动，让夏秋备感惊诧，但更多的是无以言表的感动。她站起身，强忍着激动的情绪，对着徐若灵真诚地道：“谢谢你，真的谢谢你。”

“谢什么，大家都是好朋友，有福同享、有难同当的好朋友。”挂掉电话的徐若灵冲着夏秋会心一笑，“只不过，我希望以后你再遇到了难题，可以第一时间告诉我们，就像是陈小皮说的那样，我们很愿意做你的‘树洞’。”

“我只是……”夏秋欲言又止，最后干脆呼出一口气，说了一句，“对不起。”

徐若灵摇摇头：“我们没有责怪你，只是希望你知道，每个人都有开心的时候，也有不开心的时候，当你把快乐分享给大家的时候，也不要忘记向最好的朋友分享你的烦恼，没有人不允许你难过，你不用强颜欢笑。”

徐若灵的这番话说到了夏秋的心坎里。没错，夏秋总是以笑脸示人，看起来永远都没有烦恼，但是人生有得意之事，也必有失意的事。如果一直强颜欢笑，把烦恼装在心里，那么烦恼就会如同膨胀的气球一样，越来越大。

好在夏秋及时明白了这个道理。说也奇怪，当她把烦恼倾诉给了好朋友后，心中的担子一下子轻了很多，也没有起初那么心神不宁了。她想，或许这就是友情的力量吧！它会让一个人变得更加勇敢、更加坚强。

## 责任越大，效率越高

“找吞吞计划”还在进行当中，“小太阳夏令营”就在“网红地”——卡丁车赛场上落了脚。整个赛场有两个足球场那么大，周遭都是用轮胎隔离的赛道。作为少年组，陈小皮跟着同学们一同来到了相对简单的“U”形赛道前。

陈小皮从小就喜欢车，尤其是造型迥异的跑车，光模型就有十余辆，但是卡丁车，他以前只在电视中看到过，这还是第一次接触。为了一展风采，他给自己挑选了一辆亮红色的卡丁车，还给它取了一个霸气的名字——“闪电一号”。

“这是我的‘闪电一号’。”陈小皮向徐若灵炫耀道，“怎么样，这名字是不是绝了？”

“‘闪电一号’？”徐若灵险些笑出声，“我还‘霹雳传奇’呢！”说着，她转头看向一脸担忧的初晴：“初晴，你确定要尝试一次卡丁车吗？小雨老师说了，量力而行，不必勉强自己。”

“我想要试一试。”初晴的样子看起来有些犹豫，但还是说出了口，“以前遇到事情我总是逃避，但是现在，大家都是第一次玩卡丁车，所以，我希望像大家一样勇敢，而且，有头盔和安全带保护着我，就算是撞到了，也没事。”

“你能够这么想，真是太好了。”陈小皮禁不住道，“你似乎已经战胜了心里的恶魔，变得勇敢了。”

初晴有些不好意思，但经陈小皮这么一称赞，她更加坚定了上赛道的信心，直至她参加了训练，站上了起点线，也没有迟疑一下。她不停地在心里默念：左脚刹车，右脚油门，加油不要过猛，刹车要及时……

相比之下，陈小皮就显得淡定很多。因为他曾在网络上玩过关于卡丁车的游戏，他知道卡丁车的“漂移”要领，知道如何急速过弯，如何甩尾，刚刚在训练场上他表现得也不错，所以他有信心完美地完成第一次卡丁车体验。

体验开始了。

陈小皮猛地踩下油门，随着轰隆一声响，“闪电一号”卡丁车如同离弦的箭一般“飞”了出去。陈小皮吓了一跳，但还是沉住了气，握紧了方向盘，他按照教练说的那样，双眼目视前方，在过弯时，先将车头向弯外摆动，再大幅度转向内侧，第一次实现了教练口中所说的“侧滑”。

“太棒了！”超强的车感让陈小皮禁不住大叫了一声。随后，又迎来了第二个弯道，陈小皮没有一丝的慌张，反而坐直了身，加大了油门，霎时，随着方向盘的摆动卡丁车一侧的轮子腾空，陈小皮及时调整了重心，在卡丁车冲向边缘之时调整了车头的方向，顺利过弯。

一分十二秒，这是陈小皮最终的成绩，教练难以置信地看着手上的秒表，问陈小皮：“你真的是第一次操作卡丁车，不是专业的卡丁车小选手？”

陈小皮回答说：“如果让我再来一次，我至少还能缩短三秒钟！”陈小皮没有说大话，当他第二次行驶“U”形赛道时，全程只用了一分十一秒，一个新的纪录，就这样被陈小皮轻轻松松地打破了。

教练指着不远处的职业比赛赛道，对着陈小皮提议道：“那里正在举办‘少年杯卡丁车个人赛’，参与的选手都是和你年纪相仿的小朋友，如果你有兴趣，我带你报名参加，我想，你一定可以获得名次的。”

“我……我可以吗？”陈小皮转过头看向小雨老师问，“我可以去参加比赛吗？”

“赶得早不如赶得巧，”小雨老师会心一笑，“勇敢地参加比赛，我会让所有的同学给你加油的！”

不知道为什么，当原本颇有自信的陈小皮来到专业的比赛赛道时，心里竟有些七上八下，相比“U”形赛道，“S”形赛道相对复杂，需要更多的转弯技巧，对于还是卡丁车“小白”的陈小皮来说，有一定的难度。

见陈小皮站在原地有些犹豫不决，小雨老师急忙上前给他加油打气：“陈小皮，不要怕，把比赛当作一场游戏，名次不重要，重要的是，这不论是对于你还是对于大家来说，都是一次难忘的回忆。”

小雨老师的话让陈小皮放宽了心，同时，他又多了几分使命感，他想：赤脚的不怕穿鞋的，无论如何，自己也不能低头认输，这不单单是自己的荣誉，也是集体的荣誉。今天，他代表的是“小太阳夏令营”！

不知道哪里来的勇气，陈小皮戴上了头盔，系好安全带，就这样和专业的小赛车手一起踏上了比赛的起始点。随着哨声响起，他的右脚猛地踩向油门，只听轰隆一声响，“闪电一号”就像是英勇的战士一般冲向前方。无论是急速过弯，还是直线追击，陈小皮可以说是一气呵成，如鱼得水。最终，他以一分四十二秒的成绩获得了整场比赛的季军。

虽说是季军，但是“小太阳夏令营”的全体成员都像是自己得了冠军一样地欢呼雀跃。“恭喜你！”小雨老师为陈小皮献上了鲜花，“你真是了不起，临时上战场，是同学们的榜样。”

“我也是超常发挥，”陈小皮难得谦虚了一回，“当时我就想着，我是为了集体的荣誉，我一定要加油。前两个弯道我都是第一名，只是后来，被他们超越了。”说着，他用钦佩的目光看向第一名的获得者，“他可真厉害，足足比我快了十秒钟，果然是职业选手。”

小雨老师对着陈小皮道：“只要你努力，总有一天会超越他。”

没错，人只要有信念，就不怕暂时的落后，在信念的驱使下，总有一天能迎头赶上，拔得头筹。所以，适时给予自己压力，会有效激发自己的潜能。而责任，会让一个人更加坚定目标，勇往直前。

## 将复杂的事情进行切割处理

自从江景川和田甜“认亲”之后，江景川简直把田甜“宠”上了天，行李帮她拎，书包帮她提，就连每次睡觉前，他都要到她的房间门口说句“晚安”才肯回房休息，这让没有哥哥的初晴和夏秋很是羡慕。

可是最近，江景川却因为没有办法帮助田甜绘制手抄报而焦虑，无奈之下，他只好找到了擅长绘画的夏秋，向她求助。他哭丧着脸，用恳求的口气道：“这本是田甜和她的组员们要共同完成的手抄报，可是因为她没有办法和同学们会合，所以她把这个重担放在我的身上，我……我不会啊！”

“就因为一个手抄报，你连晚饭都吃不下？”夏秋觉得惊奇，禁不住问道。

“难道还有什么比绘制手抄报更令人头疼的事情吗？”江景川大为不解，“难道对你来说，很容易？”

“非常容易。”夏秋点点头，慢条斯理地说，“设计主题、绘制边框，再把内容抄写上，大功告成！”

“就、就这么简单？”江景川难以置信地眨眨眼睛，“我昨晚坐在书桌前一个小时，愣是没有写出一个字。”

“那是因为你不懂得把复杂的事情进行切割处理。”说着，夏秋问道，“你想好绘制手抄报的主题了吗？”

“没有。”江景川摇摇头。

“怪不得你毫无头绪。”夏秋无奈地笑了笑，“首先，你得想到恰当的主题，并找好资料，不然，即便你在书桌前坐上一天，都不知道要写什么，也不知道要画些什么，不是吗？”

似乎是觉得夏秋的话有几分道理，当天下午，江景川找到了田甜，和她一起讨论手抄报的事宜。关于主题，田甜也丈二和尚摸不着头脑，她想了半天，也想不出个所以然，最后干脆说出了两个字——“随便”。

随便？

要知道，“随便”可是这个世界上最大的难题，情急之下，江景川干脆把夏秋拉了过来，再次向她求助：“田甜说‘随便’，‘随便’我该怎么写？怎么画？”

“随便？”夏秋也陷入了困惑，“这个主题可真是令人头痛。”她问田甜，“你真的一头雾水吗？或者，你们老师在布置作业的时候说了什么？毕竟这是你的作业，而不是江景川的作业。”

“我们班主任老师说，以‘正能量’为主题，绘制一份手抄报。”田甜回忆着，“但具体是什么，我也想不到。”

“正能量……”夏秋想了想，灵感一触即发，“你们可以以‘珍惜时间’为主题，写一些关于时间的至理名言，或是写一些珍惜时间的名人故事，在绘画上，也可以以钟表为主，至于名字……”

“名字就叫——《时间都去哪儿了》。”田甜一拍手，原本带着迷茫的脸即刻喜笑颜开，“真是听君一席话，胜读十年书。夏秋，你替我们解了燃眉之急。”

“举手之劳。”夏秋嘿嘿一笑，提议道，“不然，我们大家一起帮忙吧！‘轻霜冻死单根草，狂风难毁万木林。’人多力量大，说不定，这个下午手抄报就完成了。”

说干就干！

田甜和江景川负责查找资料，夏秋和徐若灵负责绘制边框，从小学习毛笔字的初晴负责绘制标题，站在一旁插不上手的陈小皮只能负责端茶倒水，他一会儿一个“哇！太好看了！”，一会儿一个“你的字写得可真好”，也忙得不亦乐乎。

好在功夫不负有心人，一个半小时过去了，手抄报已经略见雏形。田甜擦了擦额头上的汗，对着大家说：“现在，只需要把找到的内容抄写在手抄报上就可以了，”说着，她拿起笔，“这件事情我一个人来做，毕竟，这是我的作业，当然，我会在最后的制作者名单上，写上你们所有人的名字。”

“也包括我的吗？”陈小皮指了指自己的鼻子，忽然出声。

“你？”田甜故作迟疑地唉了一声，“容我考虑考虑。”

欢声笑语中，手抄报终于绘制完成。这个困扰了江景川和田甜整整两天的大难题，竟在短短两个小时内解决了，这堪称是制作最快的手抄报了。这一次，江景川也学习到了制作手抄报的经验，他对夏秋说：“谢谢你，这一次多亏了你。”

“是多亏了大家，”夏秋一如既往地谦和，“是集体的努力，才把这件事情简单化了，这是团结的力量。”

“没错，是团结的力量，也是智慧的力量。”江景川点点头，脸上露出了笑容。

将复杂的事情进行分割处理，事情就会变得简单很多，这本是人人都懂的大道理，可是在问题面前，人们总是会因为心烦意乱，而失去解决问题的理智。好在在夏秋的帮助下，田甜顺利地完成了手抄报，现在，她终于可以放下心中的大石头，无忧无虑地玩耍了。

## 亲爱的，善用你的“情绪备忘录”

时间如水般流逝，转眼的工夫，在“小太阳夏令营”的时间已经过了一大半了。八天的时间里，他们共同经历了很多事情，也结识了很多新朋友。只是陈小皮怎么也没有想到，这天中午，他竟然在冰激凌工厂的门口和一个小丑做了朋友。

这一天，小雨老师带领同学们来到了冰激凌工厂，参观冰激凌的加工过程。陈小皮觉得无聊，一个人跑到了冰激凌工厂的门口，刚好碰到了一个正在派发气球的小丑。他戴着夸张的高帽，身着的七彩衣服像是一把倒挂的雨伞，最有趣的是他脸上的妆容，他的整张脸都被白色的涂料涂满，只露出了艳红色的大嘴巴和用几何图案装饰过的黑色眼睛。

此时此刻，小丑正被一群小朋友包围着，或许是觉得小丑的模样很滑稽，他们一会儿扯扯小丑的衣服，一会儿拽拽小丑的鞋子，还有一个调皮的小男孩，竟然跳起来想要摘掉小丑的帽子，好在他的个子不高，跳了几次都没有得逞。

闲着也是闲着，陈小皮干脆当起了“护小丑使者”，大步流星地走了过去，他见几个小朋友依旧在兴高采烈地捉弄着小丑，于是清了清喉咙，低吼了一声：“你们在干什么？你们的家长呢？”

听到了陌生人的训斥，几个小朋友急忙停下了手上的恶作剧，头也不回地跑远了。小丑抱歉地笑了笑，对着陈小皮道：“真是谢谢你了，这种事情经常发生，每一次我都无可奈何，只能强颜欢笑。”

“你的脾气可真好，”陈小皮看着小丑笑得咧开的嘴说，“这都笑得出来。”

“这是我的工作，我的工作就是无论发生了任何事情，都要保持笑容，逗大家开心。”说着，小丑把手中的气球递给了陈小皮，只是被陈小皮摆摆手拒绝了。

“我又不是小孩子。”陈小皮嘟起嘴巴，指了指不远处的水池，“哪怕他们把你推到水池里，你还要保持笑容吗？”

“你说的这件事情，我在前不久刚刚经历过。”小丑边说边习惯性地跳了两下，“当时，我真的感觉我要发怒了，但是老板就在眼前，我不得不控制自己的情绪，于是，我想到了我曾在网络上看到的一个故事……”

在很久以前，有一个名叫巴尔的男人，他的脾气很暴躁，但是每一次他和别人起争执的时候，都会用最快的速度跑回家，在院子里跑三圈。后来，巴尔经商了，他赚了钱，扩建了房子，院子也比之前大了一倍，可是只要想发脾气了，他还是会在院子里跑上三圈，最后气喘吁吁地躺在草地上。

很多人不明白巴尔为什么要这么做，直到巴尔七十岁那一年，他因为生气拄着拐杖绕着院子走，可是因为他的院子实在是太大了，当他走完三圈的时候，太阳已经落山了。他的小外孙问道："外公，您的年纪大了，您的房子也是这里最大的，您不能像以前一样一生气就围着房子跑，这样您的身体会吃不消的，就算您不告诉我您为什么这么做，也要为自己的身体着想。"

听到这儿，巴尔终于说出了埋藏在心中的秘密，只听他说："在我年轻的时候，只要我生气，我就会围着院子跑三圈，当时我就想，我的房子这么小，我哪有什么时间和别人生气呢？想着想着，我的气就消了，于是我努力地工作，努力地挣钱扩建房子，才有了今天。"

"可是，现在您已经足够富有，您的房子也是这里最大的，为什么您生气的时候还要围着院子跑呢？"小外孙又问。只听巴尔笑着回答："现在我还是会因为一些小事而生气，当我生气的时候，我就围着院子走三圈，我会边走边想，我已经这么富有了，为什么还要和别人计较呢？想着想着，我的气也消了。"

听完了这个故事，陈小皮恍然大悟地哦了一声："所以，你吸取了巴尔的经验，每当生气的时候，就围着水池跑三圈？”

“当然不是，我怎么会利用工作的时间跑步呢？”说着，小丑指向天边的云朵，“你看到那些云了吗？它们如此的洁白，没有一丝尘埃，每当我生气的时候，我就会数云，数着数着，我就不生气了。”

“数云？”陈小皮还是第一次听到这词，“就像是人在失眠的时候数绵羊一样吗？”

“对，这种方式会让我心里变得平静，你会想到世界之大，一切都是那么的奇妙，为什么要把时间浪费在生气上呢？”说罢，小丑对着不远处的小朋友招了招手，接着道，“而且，我会把我每一天的心情记录在‘情绪备忘录’上。”

“‘情绪备忘录’？”陈小皮又是丈二和尚摸不着头脑，“这又是个什么东西？”

“‘情绪备忘录’就是我的情绪日记本，”小丑得意地摇摇头，手舞足蹈的样子非常滑稽，“在日记本里，我只记录我的心情——开心，或是不开心，我会在开心的那一天画上笑脸，在不开心的那一天画上哭泣的表情，每到一周结束，我都会看一下这一周的心情。当我看到哭泣的表情时，我会想：开心也是一天，不开心也是一天，为什么那一天我会不开心呢？后来我慢慢发现，我的笑容越来越多，心情也变得越来越好。”

“原来是这么一回事。”陈小皮似懂非懂地点点头，“看来，我也要建立一个‘情绪备忘录’，只不过，我的笑脸一定很少，因为我每天都会因为一些小事发脾气。”

“说不定，你的笑脸比你想象中还要多，”小丑卖了一个关子，“当然，其中的奥秘还需要你自己去体会。”

# 第六章
# 知足常乐，世界就会变得不一样

## 改变自己，从了解自己开始

玲珑阁坐落于闹市区，是一家古香古色的汉服体验馆。这里不仅有各色的汉服体验，还有精致的中式糕点，刚开业不久就成了汉服爱好者的天堂。这一天路过这里，小雨老师临时起意，决定带着“小太阳夏令营”的同学们进行一次汉服体验。

馆内古琴声悠扬，隐隐约约还听得到珠翠交错的声响，在两位“侍女”的带领下，同学们来到了位于一楼的“左厢房”。房间里有三排大衣物架，上面悬挂的都是各种款式的汉服和饰品，足足有一百五十多套。

平日里，大家只在古装剧中看到过演员们身着各色汉服，这一次，当精美的衣饰映入眼帘，再加上周围精心装饰过的拱门和雕花窗棂，轻纱幔帐中，大家仿佛穿越到了数千年前的时光。

第一次接触汉服的陈小皮站在原地不知如何是好，他一只手拎着藏青色的带有花纹的圆领袍，另一只手拎着一双鞋，用求助的眼神看向洪书烨：“这袍子要怎么穿啊？”

“这样套上，再把带子绑上，”洪书烨倒显得轻车熟路，三下两下就帮陈小皮穿上了袍子，还配了一个斗篷，这才满意地点点头道，“不错，你还挺适合古代装扮的。”

洪书烨没有夸大其词，因为当陈小皮站在镜子前，看着镜中那个穿着长袍的自己时，连自己都吓了一跳，如果不是他的发型过于现代，他和古装剧中的公子没有什么两样。

与此同时，女生们也换装完毕了。夏秋选择了一套青紫色的齐胸襦裙，整个人显得十分优雅。徐若灵则选择了一套粉红色的交领大袖襦裙，这套汉服袖口宽大，下摆飘逸，走起路来仿佛带着风，令人赏心悦目。但最让大家感到惊诧的是初晴挑选的那套曲裾，这套汉服上身紧窄，下摆呈喇叭状，使行不露足，暗红色虽然不如其他颜色那般明媚，但穿在初晴的身上，别有一番韵味。

“好漂亮啊！”陈小皮禁不住称赞，“尤其是你的丹凤眼，简直太适合古风装扮了，就像是画中的古代佳人一样。”

面对陈小皮毫不掩饰的夸赞，初晴霎时红了脸：“多亏了徐若灵帮我绑头发，戴发饰，她说我的眼睛很适合古装，要露出来，所以我……”说到这儿，她竟有些不好意思地转过身，低下了头。

“依我看，你平时也要留这个发型，因为这个发型更适合你。”陈小皮接过话，“你平时总是用刘海挡住眼睛，我都不知道原来你的眼睛这么好看。”

“才不是呢，我一直很羡慕别的女孩子有一双大眼睛，”初晴喃喃道，“所以，所以我是刻意遮挡的。”

“你真的太不自信了，你要学会改变自己。”陈小皮出了个主意，“要不，我们晚上去理发店，让理发师给你设计一个新的发型，我想，他一定会建议你把眼睛露出来的。”

陈小皮说得没错，初晴的眼睛虽不如徐若灵的眼睛那么大，还是个单眼皮，但是她却有着古代女子的神韵，尤其是她似笑非笑的样子，清秀脱俗，像是菊花一样淡雅，就连理发师看到了她的眼睛，都止不住地说：“这么漂亮的眼睛，为什么要藏起来呢？”

“我……我一直都是这个发型，”初晴有些受宠若惊，“我担心换了其他的发型，会更难看。”

“你一点儿都不难看，相反，你的眼睛十分特别，也很适合露出来，”说着，理发师为她修剪了刘海，当刘海齐眉，露出她那双丹凤眼时，就连徐若灵都禁不住哇了一声，“天啊，你为什么不早一点儿换个发型。”

“我……”初晴竟不知道如何回答，“我不知道自己适合什么样的发型。”

“那是因为你不够了解自己，不够自信，当你了解了自己，自信起来时，才会慢慢地改变自己。”理发师语重心长地道，“其实，你还可以尝试着摘掉眼镜，你的五官很小巧，配上大大的眼镜，看起来很不协调。”

“是这样吗？”初晴犹豫着摘掉了眼镜。这是她第一次在没有任何遮挡的情况下好好地端详自己的脸，镜子里的女生看起来有些茫然，也有些陌生，但不可否认的是，她比那个用刘海遮住半截眼睛，再用黑框眼镜遮住半张脸的女孩子相比，清秀多了。

“真的变得不一样了。”陈小皮左看看，右看看，忽然觉得初晴也是一个很漂亮的小女生，“理发师说得对，你太不了解你自己了，这样的你，比以前的你漂亮多了。”

“好像确实变得不一样了。”初晴没有把眼镜戴回去，而是凑到了镜子前仔细地看了看。过了许久，她才下定了决心，“既然如此，那我就听你们的，换个造型，改变自己。”

一阵欢呼声象征着胜利的喜悦，小伙伴们从心里为初晴感到高兴，因为她终于开始尝试着了解自己，改变自己，虽然这只是一个小小的改变，但对她来说，却是成功的开始，并且他们相信，从初晴自信起来的那一刻起，她就是全世界最漂亮的女孩。

## 不要让完美成为你的绊脚石

众所周知，田甜是一个爱美的女孩子，在出游的这段时间，她每天都要换两套公主裙，并且还会根据不同的服装为自己挑选不同的配饰。今天也是如此，得知要去历史博物馆，她为自己挑选了一套带有蕾丝花边的白色公主裙，还搭配了蝴蝶结发夹，像是一个小仙女。

可是小仙女也有不开心的时候。不知道怎么了，从下了巴士到抵达历史博物馆的入口，田甜就像变了一个人一样，她脸上的笑容不见了，取而代之的是愁苦，而且她的手一直捂在衣领处，似乎在掩饰着什么。

夏秋是第一个发现田甜不对劲儿的，她见田甜一个人磨蹭在队伍的最后面，便关切地走到了她的身边，对着她道：“你怎么了？没事吧？”

“没、没事。”田甜摇摇头，挤出了一丝苦笑，“你们玩，我有点儿不舒服。”

“肚子痛？”夏秋皱起眉头，“要不要去医院？”

“没事，”田甜又是摇摇头，“我只是昨天没有睡好，有点儿累了，不用担心我。”说着，她指着队伍的最前面，“小雨老师在叫你呢！”

夏秋信以为真，留下一句“有事记得叫我”，就离开了。田甜如释重负般地松了一口气，见四周无人，她低头看了看衣领处因为不小心而沾上的一滴橙汁。此时此刻，橙汁在白色的连衣裙上变成了黄色污渍，虽只有绿豆大小，但在田甜的眼里却非常碍眼。

“唉……”田甜深叹一口气，如果可以，她真想现在就跑回房间里换一件衣服，可是现实并不允许她这样做。现在，尽管她一千个一万个不愿意，她还是跟着队伍走进了博物馆内，并在导游的带领下参观起了第一展厅的青铜器。

就在这时，夏秋再一次来到了田甜的身边，她见田甜依旧用手捂着衣领，便开门见山地道：“是橙汁把你的裙子弄脏了吧？”说着，她看向站在不远处参观青铜兵器的陈小皮，“陈小皮已经告诉我了，他说，他看到你在大巴车上不小心把橙汁溅到了裙子上，而你现在一直用手捂着领口，恐怕，你是担心被人看到你衣服上的污渍吧？”

“陈小皮都看到了？”田甜瞬间慌了神，“那他有没有把这件事告诉给别人？”

“他没有那么做，他只告诉我，让我过来安慰你。”夏秋劝慰道，“其实，衣服脏了是很正常的一件事情，就好像之前陈小皮的裤子脏了一样，你不必因为这点儿小事心情不好。”

“那不一样。”田甜辩解道，“陈小皮的裤子脏了，他可以立刻去房间里换一条新的，但是我不能。而且，他是男孩子，他本来就神经大条，不注意形象，可我是女孩子，我不允许我的连衣裙上有一点儿污渍。”

“依我看，你是掉进了‘完美主义’的陷阱，过于挑剔了。”夏秋语重心长地道，“我也是女孩子，如果换作是我，我才不会因为一个小小的污渍耽误一天的行程呢！因为我知道，除了我自己，没有人会在意这个小小的瑕疵。”

“可是我在意。”田甜依旧不肯把手从衣领上挪开，反而捂得更严实了，“我不管，无论如何，我也不能让别人看到我裙子上的污渍。”

见田甜主意已定，夏秋只好将别在头发上的小雏菊发夹取了下来，对田甜说，“你可以尝试着把发夹别在衣领处，我想，它应该刚好可以挡住裙子上的污渍，这样一来，你就不必担心了。”

在夏秋的鼓励下，田甜犹豫着放开了手，霎时，一个黄色的小圆点映入了夏秋的眼帘。她将小雏菊别在了田甜的衣领处，刚刚还碍眼的污渍完完全全看不见了。取而代之的是一朵小小的雏菊点缀在领口处，好似是连衣裙原本的装饰。

“真好看，”田甜喜不自胜，心中的大石头也落了地，“谢谢你。”

“这个小发夹送给你，”夏秋大大方方地道，“反正我很少戴头饰，这个小雏菊刚好配你的连衣裙。以后，就算这件连衣裙不小心弄脏了，你也不用再遮遮掩掩了。只不过，我希望你也不要因为追求完美而闷闷不乐了。”

没错，漂亮的裙子脏了，找一个装饰物暂时遮挡起来，就看不见污渍了，怕只怕人的心理因此产生了执念，如果一个人总是过于挑剔，总是将目光放在那些原本可以忽略不计的瑕疵上，那么无论怎么遮挡、隐藏，也没有办法突破心中的芥蒂。

因此，要学习夏秋的大气，不要因为一点儿小小的瑕疵而烦恼，如果你的眼睛里容不下一点点错误，那么，这个世界对你来说，就只剩下残缺和遗憾了。

## 犹犹豫豫，永远与成功无缘

历史博物馆馆藏文物五万余件，展品主要以出土文物为主。在这里，同学们观赏了陶器、铜器、玉器、各个朝代的文字、钱币和服饰等，还听讲解员讲述了中华五千年的历史，可以说是获益匪浅。可是就在最后一个展馆，发生了一件令人难忘的事情。

当时，陈小皮一行人正围绕在袍服的展柜前观赏古代女子的服饰。可就在展厅的拐角处，有一位男士在原地徘徊，他穿着一身西装，皮鞋在宽大的展厅里踩得啪啪作响，最引人瞩目的，是他手里拿着的那束玫瑰花。

“他在干什么？”陈小皮停下脚步，问洪书烨。

“你问我？”洪书烨指了指自己的鼻子，“你为什么不去问问他？”

“他看起来有些焦虑，”陈小皮上上下下仔细观察了一番，“就像是……”

“就像是要去告白？”洪书烨忽然冒出了一个大胆的想法，“或者是……求婚？要不，为什么穿得这么正式，并且拿着一束玫瑰花，看起来还那么紧张？”

经洪书烨这么一提示，陈小皮还真觉得像那么一回事。要知道，从小到大，爱凑热闹的陈小皮虽见过大大小小的场面，但告白或是求婚的场面，他只在电视中看过。他想，如果这种浪漫的剧情能在现实中上演，那该有多好啊！

不知是不是好奇心在作祟，陈小皮壮着胆子大摇大摆地走上前，对着那位男士开口道：“请问……你需要帮助吗？”

“啊？”那位男士一愣，下意识地把玫瑰花藏在了身后，支支吾吾了半天，也没有说出一句完整的话。

陈小皮更加坚定了内心的想法：“你是要告白吧？还是……求婚？”

“我……”眼前的男士身材高大，一米八的个头比陈小皮高出许多，但此时，他却扭扭捏捏得像一个小朋友，一点儿都没有大人的样子。或许是觉得说了也无妨，他犹犹豫豫地道，“今天是我女朋友二十七岁的生日，我想……我想……”

“真的是求婚？”

陈小皮一激动，猛地加大了音量，忽然之间，展厅里所有的人都不约而同地看向陈小皮的方向。男士恨不得找个老鼠洞钻进去，他一把捂住了陈小皮的嘴，把他拉到了一边：“你小点儿声，我还没有做好心理准备呢！”

“对不起，对不起，是我太激动了！”

陈小皮连连道歉，闻声而来的洪书烨见他们躲在角落里，大概猜出了所以然，于是，他干脆开门见山地道：“大哥哥，你既然要求婚，为什么还躲在这里犹犹豫豫的呢？”

“我……”这下子，男士更加慌乱了，“我真的还没有做好心理准备。”

“我猜，你应该从早上一直等到了现在，”洪书烨看起来斯斯文文，说起话来总是一针见血，“你犹犹豫豫的，小心把事情搞砸哦！”

没错，犹犹豫豫的确是成功的大碍，对人如此，对事也是如此。如果一个人总是犹犹豫豫的，最终只会和机遇擦肩而过，就像是这位男士，明明求婚是一件大事，可是他却迟疑着不敢付出行动，真是令人着急。

在陈小皮和洪书烨的开导下，这位男士终于鼓起勇气，来到了七号展厅，找到了做讲解员的女朋友。当他单膝跪地，说出“嫁给我吧”的那一刻，原本肃静的展厅顿时变得热闹起来，最终，在大家的见证下，一对有情人终成眷属。

当陈小皮向夏秋等人提起这件事情的时候，他得意得鼻子都翘上了天：“总而言之，这对新人是我和洪书烨撮合的，如果没有我们的劝导，他说不定现在还犹犹豫豫的呢，所以说，我们是大功臣。”

陈小皮虽然有些夸大其词，但事实也差不离。徐若灵感慨道：“犹犹豫豫的确很不好，好在他的求婚成功了，也没有枉费他的一番心意。”

陈小皮忽然想到了一件好玩的事儿，见时间还早，他打开了话匣子：“我曾经也有过和那位男士一样的经历。”

“什么？”夏秋和徐若灵异口同声地说，“你也求过婚？”

“才、才不是呢！”陈小皮急忙摆摆手，“我是说，我曾经也因为犹犹豫豫，差点儿坏了大事。当时，我很想报名学习跆拳道，可是我又怕吃苦，所以在报名的前夕，我总是犹犹豫豫的，最后，当我抵达报名地点的时候，就剩下最后一个名额了。”

“那你成功报名了吗？”好奇宝宝徐若灵追问道。

“成功了，但是我只坚持学习了半年，就放弃了。”说到这儿，陈小皮不好意思地挠挠头，“跆拳道看起来潇洒，但训练的过程真的太辛苦了，尤其是拉伸的过程，既痛苦又漫长，我几次都差点儿哭出来。”说到这儿，他深叹一口气，“这也算是我的‘黑历史’，看当初报名参加的人现在都考了黑带，我是悔不当初。”

“过去的事情就不要再提了。”夏秋注意到了陈小皮的情绪，便宽慰道，“以后，再遇到同样的事情时，千万不要犹犹豫豫，要在第一时间做出选择，并坚持下去，我相信会有好的结果的。”

“没错，不能犹豫，不能放弃。”陈小皮感同身受地点点头，“我再也不做以前那个糊涂虫了。”

历史博物馆因为一场浪漫的求婚而多了几分温情，在历史文物的见证下，一对佳人收获了甜美的爱情，也即将走向婚姻的殿堂。在一生当中，除了告白之外，我们还有很多重要的事情要去做，所以，千万不要在做决定前犹豫不决，你的犹豫，可能浪费掉的不仅仅是时间，还有有限的生命。

## 珍惜该珍惜的，放弃该放弃的

在“小太阳夏令营”里竟然出现了小偷！据“受害者”陈小皮描述，当时他将一瓶冰镇可乐放在了茶几上，可是一眨眼的工夫，这瓶可乐就不见了，而当时在场的，除了朝夕相处的同学们，再无他人。所以陈小皮一口咬定，这瓶可乐是被“内部人”偷走了。

为了不把事情闹大，洪书烨把陈小皮拉到一边，压低了声音道：“你先不要声张，万一是误会呢？”

“难道可乐会像琼瑶剧中那样，变成蝴蝶飞走了吗？”看得出来，陈小皮在极力克制着自己的情绪，“常言道，欠债还钱，天经地义。他拿了我的东西，就等同于欠了我的东西，必须要还回来。”

“何必呢？一瓶可乐而已。”对此，洪书烨持相反的态度，“因为一瓶可乐，闹得人尽皆知，这不太合适吧。”

可是陈小皮却不吃这一套，他将视线锁定在李云鹤的身上，一字一顿地说：“我刚刚看到他不止一次从茶几前经过，而且我在他的房间里看到了一瓶喝到一半的可乐，所以我敢断定，他就是小偷！”

“喂！你清醒一点儿。”洪书烨无奈地摇摇头，耐着性子讲道理，“陈小皮，你仔细想想看，如果他真的是小偷，他可能将偷来的东西光明正大地放在房间里吗？这不就明摆着告诉所有人，他就是小偷吗？再说了，一瓶可乐而已，就算是真有小偷，也不至于在大庭广众之下，偷一瓶可乐吧！”

“你的意思是说，这件事就这么算了？”陈小皮眯着眼睛问道。

“对，大事化小，小事化了，就这么算了。”洪书烨再一次表明了态度，“如果你觉得我的想法是错的，那么我们现在就去找夏秋评评理，如果她说这件事情一定要查个清楚，那么我一定不再劝你。”

为了证明自己的想法是正确的，陈小皮跟随洪书烨找到了夏秋。当夏秋听完了整件事情的来龙去脉，她急忙做了一个阻挡的手势，对着陈小皮道：“你该不会真的要去找李云鹤问个明白吧？”

陈小皮皱起了眉头：“你们是不是串通好了，为什么反应一模一样？”

“我是刚刚才知道这件事情。”说着，夏秋仔细观察了周围的情况，确认没有其他人后，这才缓缓开口，“李云鹤不可能是小偷，因为刚刚在贩卖机前，我亲眼看到他买了一瓶可乐，所以他的那瓶可乐，一定不是你的那瓶可乐。”

“那我的可乐哪里去了？”陈小皮这下子彻底糊涂了，“难道真的变成蝴蝶飞走了？”说罢，他咬了咬牙，“不行，我要去问清楚！”

“回来！”谁知，夏秋和洪书烨同时拉住了他的胳膊。见夏秋和自己站在同一战线，洪书烨语气有点儿严厉地道，“好！就算是你的可乐真的是被别人拿走了，而你也找到了那个人，然后呢？然后你怎么处理？”

“我当然要给他点儿教训了！”陈小皮不假思索地回答。

“然后呢？”夏秋接过话，“我们一共就十二个人，如果其中真的有人拿走了你的可乐，被你认作小偷，那么余下的几天里，你觉得我们大家还能其乐融融地相处吗？所有人都会排斥那个人，说不定，还会出现更多的意外！”

夏秋的话霎时让陈小皮无力反驳。

没错，此时此刻，他只想到了自己的利益，但是没有想到集体的利益。在事情没有弄清楚之前，如果大张旗鼓地认定同学之间有小偷，那么一定会给所有人制造不必要的猜忌和困扰，和一瓶可乐相比，这才是更大的损失。

见陈小皮陷入了沉思，洪书烨乘胜追击，接着道：“在处理问题之时，要分清楚孰轻孰重，可乐不见了，再买一瓶就可以了，你也曾拿错过别人的东西，不是吗？但如果因为一瓶可乐，让同学们人心浮动，或是冤枉了某个人，就会导致所有人的不愉快，或者，你可以暗中找到拿走你可乐的人，并私下里问清楚。”

似乎是觉得洪书烨的话有几分道理，陈小皮也渐渐冷静下来，紧锁的眉头也舒展开了。“你们说得没有错，是我一时冲动失去了理智，可能就是因为我总是意气用事，所以才会常常好心办坏事，不被理解吧。”

“现在知道这个道理也不晚。”夏秋莞尔一笑，缓缓开口，“我小时候和你一样，也会因为失去了某样东西而懊恼，但是我的妈妈告诉我，失去的东西就是失去了，即便是再哭再闹，它也失去了，不如接受现实。放弃应该放弃的，珍惜应该珍惜的，只有这样，才能想明白很多事，拥有更多的东西。”

“放弃应该放弃的，珍惜应该珍惜的……”陈小皮重复着这句话，咦了一声，“这句话我好像在哪里听过。”

“在梦里？”夏秋半开了一个玩笑，“总而言之，我不希望‘可乐事件’继续发酵，如果需要的话，我们会协助你暗中调查，直到找出事情的真相。”陈小皮却不以为意地摆摆手，改了先前的态度：“算了算了，一瓶可乐而已，大不了我再买一瓶就是了，我可不是那么小气的人。”

“这就对了，”洪书烨拍拍手，给了陈小皮一个大大的赞，“走，我们现在就去买可乐，今天我请客！”

“那我要买两瓶，不，三瓶！”

“喂！你不要得寸进尺……”

“你说的，你请客！”

阳光下，少男少女们在青春的时光里奔跑，他们你追我赶，似乎没有烦恼。这样无忧无虑的日子，没有你争我斗，也没有相互的猜忌，一切都像天空那般清澈、透明，一切都是那么的美好。

## 输与赢，其实没有你想象中那么重要

不知不觉中，“小太阳夏令营”的行程已经接近尾声。带着万般不舍，小雨老师带领同学们入住了一所位于园林中心的民宿。这里有原生态的自然美，处处都是郁郁苍苍的绿色植被，还建有孩子最向往的树屋，简直就是天然氧吧。

清新的空气伴着凉风扑面而来，让陈小皮止不住的神清气爽。这个时候，他的“死对头”田甜不声不响地走到了他的身边，她没头没尾地说了一句：“陈小皮，恭喜你，你赢了。”

“我赢了？”陈小皮眨眨眼，看起来一头雾水。

田甜故作傲娇地仰起头，重复了一句：“没错，你赢了。”

“我并没有参加比赛，也没有收到得奖的通知。”说罢，陈小皮顿了顿，“该不会……又是你在背后搞怪吧？”

“我可不会乘人之危，”田甜的口吻难得的一本正经，“我是说，我们之间的比赛，你赢了。”

“你指的是那封挑战信？”陈小皮恍然大悟。

“没错，”田甜点点头，“就像是你说的，这个游戏实在是太无聊了，所以，我决定告一段落，宣布‘休战’。”

这本是一件值得庆祝的事，可是陈小皮听了，却没感到半点儿的惊奇。他仅仅是哦了一声，又把视线移向树干上搭建的树屋，没头没脑地问了一句：“你说，睡在上面是不是会被蚊子‘吃’掉？”

这下子，换田甜一头雾水了，她绕过陈小皮，径直站在了他的面前，伸出手挡住了他的视线，又重复了一句：“喂！我刚刚说，你赢了！”

“我知道，我听到了。”陈小皮回应道，“你还有什么事吗？”

“难道你一点儿都不高兴吗？”不死心的田甜又问。

“有什么值得高兴的？”陈小皮不明白田甜在说什么，于是关切地问了一句，“你没事吧？”

“我……”又急又气的田甜跺了跺脚，“你这个人真是奇怪，明明赢了我，还一点儿都不高兴，难道这次的挑战赛，对你来说一点儿都不重要吗？”

“确实不重要。”陈小皮实话实说，“我从来没有把挑战赛的输赢当回事。”

“怎么可能？”田甜以为陈小皮在说谎，“输和赢，对我来说是这个世界上最重要的事情。我只想要赢，从来都不想要输，你知道这一次我向你认输，鼓足了多大勇气吗？我整整做了一天的心理准备！”

“可是，无论谁输谁赢，我们都好端端地站在这里，不是吗？”陈小皮大为不解，“所以，我为什么要在乎输赢，就算是我输了，又怎么样呢？明天太阳还是会照常升起，对我来说，没有任何损失。”

陈小皮的话让田甜无力反驳，同时，也让她陷入了沉思。没错，从始至终，把对方视为“对手”的只有田甜一个人，而陈小皮则扮演“陪玩”的角色，即使他在无意中获得了胜利，也不会大惊小怪，因为，他原本就没把输赢当回事。

想通了这一点，田甜竟对陈小皮有些刮目相看了。“书上说：淡泊名利，笑看输赢，这是一种人生大智慧。”

“你既然知道这个道理，为什么还要强调我赢了，你输了呢？在我眼里，我们都没有输，也都没有赢。”说着，陈小皮又指了指树屋，“我们不如把时间放在更有意义的事情上，比如说，到那个树屋里玩一玩。”

“好啊！那我们比赛，看谁先爬上树屋！”话音刚落，田甜就做出了起跑的姿势，等待着陈小皮的应战。

陈小皮禁不住笑出了声：“刚刚还说，淡泊名利，笑看输赢，现在你又要和我比赛，真无聊！”

“啊？”田甜愣了神，“对不起，我忘记了，我已经输了。”

“你看，你又强调输赢，唉……”陈小皮深叹一口气，但是却趁着田甜不备，猛地蹿了出去，抓住木梯三下两下就爬上了树屋。见田甜还愣在原地，他冲着她做了一个鬼脸，“哈哈哈，你上当了！”

“臭男生！”后知后觉的田甜也追了上去，“你不遵守游戏规则，你赖皮！”

“我就赖皮！”陈小皮乐在其中，竟有些沾沾自喜，“有本事，你来抓我啊！”

“你等着！”

田甜撸起袖子，咬着牙爬上木梯，那一瞬间，他们从“敌人”变成了朋友。所谓的挑战赛，也变成了朋友间的嬉戏打闹。或许，这就是时间的魔力，时间会抚平岁月的棱角，而又有谁不是在磕磕绊绊中，兜兜转转着成长呢？

## 保持一颗乐观的心，快乐将与你同行

民宿的主人——张勇是一个大学毕业没多久的大男孩，他很喜欢设计，有事没事都拿着一把篱笆剪，一个人到园林里修剪植被，他还在清理出的小径上铺上了碎石子，方便旅客们到园林里进行观赏、游玩。

这天晚餐后，陈小皮和几个小伙伴相约到园林里捉迷藏，刚好和张勇打了个照面，他见眼前的几位小朋友有些面熟，便问道：“小朋友，你们住在这里吗？”

“我们下午刚到。”陈小皮接过话，“难道你也住在这里吗？”

“不，我是这里的主人，我叫张勇。”张勇自我介绍后，转移了话题，“你们喜欢这里的设计吗？”

“难道，这些植被都是你修剪的？”徐若灵看向张勇手中的篱笆剪，“我还以为，是专业的园艺工人修剪的呢。”

“我在大学的时候学的就是设计，只不过是建筑设计，不是园艺设计，”张勇笑了笑，“虽然园艺设计和建筑设计是不同的专业，但我觉得大同小异，都是设计。”

听到这儿，夏秋冒出了一个疑问：“张勇哥哥，既然你学的是建筑设计，为什么你不做一个建筑设计师，反而跑到这里设计园林？难道你放弃了你的专业，选择经营民宿吗？”

“我没有放弃我的梦想，”张勇并没有因为眼前的几个孩子只是初中生而敷衍，反而十分坦诚，“只是，前不久我因为考试失利，错失了去国外进修的机会，所以，我就暂时代替我的家人管理这家民宿，之后再另寻出路。”

“那真是太可惜了……”陈小皮想到了亲戚家的表哥因为没能出国留学，伤心过度患上了抑郁症的真实经历，“我有一个表哥，他和你的经历差不多，不过他没有扛住压力，现在精神状态不是很好，整天要靠药物维持清醒的状态。”

“可能是因为我比较乐观吧。”张勇想了想，缓缓开口，“当我得知落榜的消息，在那一瞬间其实也有晴天霹雳的感觉，但是我转念一想，事实已成定局，在我面前的只有两条路，一是继续考，二是留在国内发展。思前想后，我选择了第二条路。于是，第二天我就乘坐火车回到了这里，当我看到了家人的笑脸时，我很高兴我做出了对我来说也很不错的选择。相比去国外进修，留在国内发展也没有什么不好，离家人近一点儿，环境也相对熟悉，还能够尽早工作，为家人减轻负担，一箭三雕，何乐而不为？”

“你的心态可真是好。”说着，陈小皮看向夏秋，“和你一样。”

“所以，我们比你更能感受到快乐。”夏秋半开玩笑地说，随后她重新把话头抛给了张勇，她问道，“我很好奇，你今后打算怎么办，是继续经营这间民宿，还是着手追求你的梦想？”

“追求梦想。”一提到梦想，张勇的眼睛都亮了起来，“我已经向各大公司投了简历，正在等待通知。只是我刚毕业不久，没有工作经验，成功的概率较低，但是没关系，我会一直努力，直到找到合适的工作为止。”

“你真了不起。”夏秋禁不住称赞，“我要把你的故事讲给我爸爸听，他啊，最近正因为失业而苦恼呢！”

“那请务必转告你的父亲，做人一定要乐观，像苏东坡、爱迪生、海伦·凯勒这些名人，都是因为乐观，才战胜了那么多的人生挫折。”张勇道，“失业了不可怕，只要有一颗乐观、积极向上的心，就一定可以找到满意的工作。”

“谢谢你，”夏秋莞尔一笑，“我一定会转告给我的爸爸的。”

回去的路上，陈小皮再次提起了张勇：“民宿的主人这么年轻，思想却这么成熟，如果他放弃做建筑设计师，精心经营这家民宿，我想，他也一定会成为一个成功人士，说不定，他还会成为富豪呢。”

“虽然我不赞同他放弃建筑梦想，但不得不承认，你的想法是正确的。”徐若灵插言道，“我认为，乐观的人，无论在何时何地，经历多大的挫折和坎坷，最后难题都会迎刃而解，因为乐观的人总是对未来抱有希望，他们更有成功的潜质。”

听到这儿，夏秋竖起了一根手指头：“这就是所谓的皮格马利翁效应，又称自我实现的预言。原因很简单，当一个人用乐观的心态去做每一件事情时，他的行为、思维和态度都会受到影响，发生转变，这将有利于目标的实现。”

“所以，我们每一个人都要积极乐观，都要对自己抱有希望。”徐若灵拍拍手，“好在我们正值青春，我们不用像个大人一样，为了事业和家庭而苦恼，我们只需要好好学习，力所能及地帮助家人分担家务就好了。”

“没错，”夏秋点点头，“千万不能身在福中不知福，做自怨自艾的悲观主义者，否则，人生就太无聊了。”

说得没错，千万不能做身在福中不知福的悲观主义者，而是要做一个苦中作乐的乐观主义者。对自己抱有信心，对未来永远保持期待，最终，在乐观的世界里，规划更好的生活。

## 随遇而安，随心所欲，自由自在

十二天很短暂，小伙伴们从开始的相识，到后来的相知、相伴，就仿佛是一场梦。梦醒时分，大家面临的是同一个难题——分别。为了让这段旅途更值得回忆，小雨老师特别策划了一次“狂欢会”，只是没有人知道，晚会的当天刚好是陈小皮十五岁的生日。

这一天，陈小皮特地穿了一件印有“15”号标志的红色球衣，他站在镜子前，似乎觉得自己还不够酷，于是又在头上绑上了黄色的运动发带，这才露出一个傻笑，走出了房间。没想到他刚好和初晴碰了个正着。

“你今天的装扮……”初晴支支吾吾了半天，也没想到一个贴切的词语，“有点儿与众不同。”

“是不是很帅气！”陈小皮隐瞒了自己的生日，耍宝一样地露出自己的肱二头肌，“你看，是不是很帅气？”

“臭美！”不知在何时，田甜站到了陈小皮的身后，“与其说是‘臭美’，不如说是‘自恋’。”说着，她冲着陈小皮做了一个鬼脸，“自恋狂！”

“你才有‘公主病’呢！”心情大好的陈小皮回呛了一句，但又怕田甜耍小脾气，便趁她还没反应过来，一溜烟儿地跑远了。

所谓的“狂欢会”，其实就是小雨老师和张勇临时在院子里搭建的小舞台，这个舞台没有灯光，没有音响，甚至没有背景板，好在张勇精通园艺，连夜用绿叶鲜花在花泥上制作出了“小太阳”的字样，这才有了一点儿“狂欢会”的样子。

小雨老师担任主持人，她手握话筒的样子有点儿拘谨，声音也有点儿激动，但是她刚说出口一句话，“小太阳夏令营”的全体成员就不约而同地安静了下来。只听她说：“今天是分别的日子，从今天起，你们十二个人将会回归到各自的家庭中，各自生活。十二天的旅程，也将成为你们各自的回忆。你们一起划过船，一起踏过浪，一起见证了胜利的喜悦，也一起熬过了想念家人的漫漫长夜。如今，你们各自成长，也将各自绽放生命的光彩……”

听到这儿，夏秋早已热泪盈眶，作为队长，她担负起了照顾大集体的责任，最重要的是，她和每一位成员都建立起了深厚的友谊。提起离别，她满心都是不舍。陈小皮安慰她说：“没事，分别意味着下一次的相聚，大家都在同一个城市，总有再见的那一天。”

“希望如此，”夏秋深吸一口气，试图调整自己的情绪。就在这时，初晴却因为过分伤感，痛哭出声。

“嘿！”陈小皮拍了拍初晴的肩，“你哭什么啊！”

“我……我就要回老家读书了……”初晴哽咽着，始终不肯抬起头来，“我们以后，恐怕再也见不到了。”

“我们不是还有联系方式吗？现在的网络那么发达，你怕什么？”陈小皮宽慰道，“况且，等一下还有你的独唱表演呢！这是你第一次独自站在舞台上表演节目，可千万不要因为情绪崩溃而掉链子。”

“我……我知道了。”初晴吸了吸鼻子，止住了哭泣，只是不知道为什么，她的心情无比沉重。她从未想过，十二天的友谊会让人如此的难舍难分，好在，在小伙伴们的鼓励下，她勇敢地站上了舞台，演唱了一首《栀子花开》。

优美的旋律在空中回荡，带着淡淡的伤感，仿佛每一个音符都在诉说着离别的伤痛。曲终，现场响起了热烈的掌声，初晴在舞台上深深地鞠了一躬，浅笑着道：“这一次旅行，让我深刻地意识到了成长的意义。成长，它并不可怕，相反，它可爱至极。我变得勇敢了，变得自信了，最重要的是，我懂得了如何控制好自己的情绪。最后，我想谢谢我的好朋友们给予我的帮助，我还想和陈小皮说一句……”

听到这儿，陈小皮一愣：“我？”

初晴深吸一口气：“我还想和陈小皮说一句，生日快乐。”

霎时，随着伴奏的响起，全体同学一起起立，合唱着《生日快乐歌》。小雨老师推着餐车，小心翼翼地护着摆放在上面的生日蛋糕，生怕它一不小心掉下来，就连张勇都参与进来，他将精心准备的包裹递给了陈小皮，高呼了一句——“生日快乐！”

祝福的声音此起彼伏，让仍然处在震惊中的陈小皮久久不能平静。夏秋凑到了他的耳边说：“其实，我们早就知道今天是你的生日了，是小雨老师安排的这一切，怎么样，惊不惊喜？”

“惊喜……”陈小皮缓过神来，“也有点儿惊吓……”

小雨老师推着餐车走到了陈小皮的身边，她将蜡烛点燃，对陈小皮道：“希望这是一个令你难忘的生日，快许愿吧！”

在大家的期待下，陈小皮双手抱拳放在胸前，低下头许下了一个心愿。他在心里默念道：“从今天开始，我要做一个能够控制自己情绪、知足常乐的人，我希望所有人都能够快乐、幸福地度过每一天。”

这个夏天，十二个小朋友，在一辆大巴车上相遇，创造了属于他们的共同回忆。他们性格迥异，却能够为了彼此而改变；他们各自成长，却又将喜怒哀乐分享。他们哭过、笑过、迷茫过，也愤怒过，但是最终，这都将成为青春的印记，在通往未来的道路上，变成永久的回忆。